U0122912

心一堂術數古籍珍本叢刊

書名：三車一覽命書詳論

系列：心一堂術數古籍珍本叢刊 第三輯 300 星命類

作者：【宋】方謙之

封面設計：陳劍聰

心一堂術數古籍珍本叢刊編校小組：陳劍聰　素聞　鄒偉才　虛白盧主

出版：心一堂有限公司

通訊地址：香港九龍旺角彌敦道610號荷李活商業中心十八樓05-06室

深港讀者服務中心：中國深圳市羅湖區立新路六號羅湖商業大廈負一層008室

電話號碼：(852) 67150840

網址：publish.sunyata.cc

電郵：sunyatabook@gmail.com

網店：http://book.sunyata.cc

淘宝店地址：https://shop210782774.taobao.com

微店地址：https://weidian.com/s/1212262697

臉書：https://www.facebook.com/sunyatabook

讀者論壇：http://bbs.sunyata.cc

版次：二零一九年十一月初版

平裝

定價：港幣　　二百八十八元正
　　　新台幣　一千二百八十元正

國際書號　ISBN 978-988-8582-87-7

版權所有　翻印必究

香港發行：香港聯合書刊物流有限公司

香港新界大埔汀麗路36號中華商務印刷大廈3樓

電話號碼：(852)9027-7110

傳真號碼：(852)2407-3062

電郵：info@suplogistics.com.hk

台灣發行：秀威資訊科技股份有限公司

地址：台灣台北市內湖區瑞光路七十六巷六十五號一樓

電話號碼：+886-2-2796-3638　傳真號碼：+886-2-2796-1377

網絡書店：www.bodbooks.com.tw

台灣秀威書店讀者服務中心：

地址：台灣台北市中山區松江路二〇九號一樓

電話號碼：+886-2-2518-0207

傳真號碼：+886-2-2518-0778

網址：www.govbooks.com.tw

中國大陸發行 零售：深圳心一堂文化傳播有限公司

地址：深圳市羅湖區立新路六號羅湖商業大廈負一層008室

電話號碼：(86)0755-82224934

心一堂微店二維碼

心一堂術數古籍 珍本 叢刊 整理 總序

術數定義

術數，大概可謂以「推算（推演）、預測人（個人、群體、國家等）、事、物、自然現象、時間、空間方位等規律及氣數，並或通過種種『方術』，從而達致趨吉避凶或某種特定目的」之知識體系和方法。

術數類別

我國術數的內容類別，歷代不盡相同，例如《漢書・藝文志》中載，漢代術數有六類：天文、曆譜、五行、蓍龜、雜占、形法。至清代《四庫全書》，術數類則有：數學、占候、相宅相墓、占卜、命書、相書、陰陽五行、雜技術等，其他如《後漢書・方術部》、《藝文類聚・方術部》、《太平御覽・方術部》等，對於術數的分類，皆有差異。古代多把天文、曆譜、及部分數學均歸入術數類，而民間流行亦視傳統醫學作為術數的一環；此外，有些術數與宗教中的方術亦往往難以分開。現代民間則常將各種術數歸納為五大類別：命、卜、相、醫、山，通稱「五術」。

本叢刊在《四庫全書》的分類基礎上，將術數分為九大類別：占筮、星命、相術、堪輿、選擇、三式、讖諱、理數（陰陽五行）、雜術（其他）。而未收天文、曆譜、算術、宗教方術、醫學。

術數思想與發展——從術到學，乃至合道

我國術數是由上古的占星、卜筮、形法等術發展下來的。其中卜筮之術，是歷經夏商周三代而通過「龜卜、蓍筮」得出卜（筮）辭的一種預測（吉凶成敗）術，之後歸納並結集成書，此即現傳之《易

經》。經過春秋戰國至秦漢之際，受到當時諸子百家的影響、儒家的推崇，遂有《易傳》等的出現，原本是卜筮術書的《易經》，被提升及解讀成有包涵「天地之道（理）」之學。因此，《易·繫辭傳》曰：「易與天地準，故能彌綸天地之道。」

漢代以後，易學中的陰陽學說，與五行、九宮、干支、氣運、災變、律曆、卦氣、讖緯、天人感應說等相結合，形成易學中象數系統。而其他原與《易經》本來沒有關係的術數，如占星、形法、選擇，亦漸漸以易理（象數學說）為依歸。《四庫全書·易類小序》云：「術數之興，多在秦漢以後。要其旨，不出乎陰陽五行，生尅制化。實皆《易》之支派，傅以雜說耳。」至此，術數可謂已由「術」發展成「學」。

及至宋代，術數理論與理學中的河圖洛書、太極圖、邵雍先天之學及皇極經世等學說給合，通過術數以演繹理學中「天地中有一太極，萬物中各有一太極」（《朱子語類》）的思想。術數理論不單已發展至十分成熟，而且也從其學理中衍生一些新的方法或理論，如《梅花易數》、《河洛理數》等。

在傳統上，術數功能往往不止於僅作為趨吉避凶的方術，及「能彌綸天地之道」的學問，亦有其「修心養性」的功能，「與道合一」（修道）的內涵。《素問·上古天真論》：「上古之人，其知道者，法於陰陽，和於術數。」數之意義，不單是外在的算數、歷數、氣數，而是與理學中同等的「道」、「理」--心性的功能，北宋理氣家邵雍對此多有發揮：「聖人之心，是亦數也」、「萬化萬事生乎心」、「心為太極」。《觀物外篇》：「先天之學，心法也。……蓋天地萬物之理，盡在其中矣，心一而不分，則能應萬物。」反過來說，宋代的術數理論，受到當時理學、佛道及宋易影響，認為心性本質上是等同天地之太極。天地萬物氣數規律，能通過內觀自心而有所感知，即是內心也已具備有術數的推演及預測、感知能力；相傳是邵雍所創之《梅花易數》，便是在這樣的背景下誕生。

《易·文言傳》已有「積善之家，必有餘慶；積不善之家，必有餘殃」之說，至漢代流行的災變說及讖緯說，我國數千年來都認為天災，異常天象（自然現象），皆與一國或一地的施政者失德有關；下

至家族、個人之盛衰，也都與一族一人之德行修養有關。因此，我國術數中除了吉凶盛衰理數之外，人心的德行修養，也是趨吉避凶的一個關鍵因素。

術數與宗教、修道

在這種思想之下，我國術數不單只是附屬於巫術或宗教行為的方術，又往往是一種宗教的修煉手段-通過術數，以知陰陽，乃至合陰陽（道）。「其知道者，法於陰陽，和於術數。」例如，「奇門遁甲」術中，即分為「術奇門」與「法奇門」兩大類。「法奇門」中有大量道教中符籙、手印、存想、內煉的內容，是道教內丹外法的一種重要外法修煉體系。甚至在雷法一系的修煉上，亦大量應用了術數內容。此外，相術、堪輿術中也有修煉望氣（氣的形狀、顏色）的方法；堪輿家除了選擇陰陽宅之吉凶外，也有道教中選擇適合修道環境（法、財、侶、地中的地）的方法，以至通過堪輿術觀察天地山川陰陽之氣，亦成為領悟陰陽金丹大道的一途。

易學體系以外的術數與的少數民族的術數

我國術數中，也有不用或不全用易理作為其理論依據的，如揚雄的《太玄》、司馬光的《潛虛》。

也有一些占卜法、雜術不屬於《易經》系統，不過對後世影響較少而已。

外來宗教及少數民族中也有不少雖受漢文化影響（如陰陽、五行、二十八宿等學說。）但仍自成系統的術數，如古代的西夏、突厥、吐魯番等占卜及星占術，藏族中有多種藏傳佛教占卜術、苯教占卜術；北方少數民族有薩滿教占卜術；不少少數民族如水族、白族、布朗族、佤族、彝族、苗族等，皆有占雞（卦）草卜、雞蛋卜等術，納西族的占星術、占卜術，彝族畢摩的推命術、占卜術……等等，都是屬於《易經》體系以外的術數。相對上，外國傳入的術數以及其理論，對我國術數影響更大。

曆法、推步術與外來術數的影響

我國的術數與曆法的關係非常緊密。早期的術數中，很多是利用星宿或星宿組合的位置（如某星在某州或某宮某度）付予某種吉凶意義，并據之以推演，例如歲星（木星）、月將（某月太陽所躔之宮次）等。不過，由於不同的古代曆法推步的誤差及歲差的問題，若干年後，其術數所用之星辰的位置，已與真實星辰的位置不一樣了；此如歲星（木星），早期的曆法及術數以十二年為一周期（以應地支），與木星真實周期十一點八六年，每幾十年便錯一宮。後來術家又設一「太歲」的假想星體來解決，是歲星運行的相反，週期亦剛好是十二年。而術數中的神煞，很多即是根據太歲的位置而定。又如六壬術中的「月將」，原是立春節氣後太陽躔娵訾之次而稱作「登明亥將」，至宋代，因歲差的關係，要到雨水節氣後太陽才躔娵訾之次，當時沈括提出了修正，但明清時六壬術中「月將」仍然沿用宋代沈括修正的起法沒有再修正。

由於以真實星象周期的推步術是非常繁複，而且古代星象推步術本身亦有不少誤差，大多數術數除依曆書保留了太陽（節氣）、太陰（月相）的簡單宮次計算外，漸漸形成根據干支、日月等的各自起例，以起出其他具有不同含義的眾多假想星象及神煞系統。唐宋以後，我國絕大部分術數都主要沿用這一系統，也出現了不少完全脫離真實星象的術數，如《子平術》、《紫微斗數》、《鐵版神數》等。後來就連一些利用真實星辰位置的術數，如《七政四餘術》及選擇法中的《天星選擇》，也已與假想星象及神煞混合而使用了。

隨着古代外國曆（推步）、術數的傳入，如唐代傳入的印度曆法及術數，元代傳入的回回曆等，其中我國占星術便吸收了印度占星術中羅睺星、計都星等而形成四餘星，又通過阿拉伯占星術而吸收了其中來自希臘、巴比倫占星術的黃道十二宮、四大（四元素）學說（地、水、火、風），並與我國傳統的二十八宿、五行說、神煞系統並存而形成《七政四餘術》。此外，一些術數中的北斗星名，不用我國傳統的星名：天樞、天璇、天璣、天權、玉衡、開陽、搖光，而是使用來自印度梵文所譯的：貪狼、巨

門、祿存、文曲、廉貞、武曲、破軍等，此明顯是受到唐代從印度傳入的曆法及占星術所影響。如星命術中的《紫微斗數》及堪輿術中的《撼龍經》等文獻中，其星皆用印度譯名。及至清初《時憲曆》，置閏之法則改用西法「定氣」。清代以後的術數，又作過不少的調整。

此外，我國相術中的面相術、手相術，唐宋之際受印度相術影響頗大，至民國初年，又通過翻譯歐西、日本的相術書籍而大量吸收歐西相術的內容，形成了現代我國坊間流行的新式相術。

陰陽學——術數在古代、官方管理及外國的影響

術數在古代社會中一直扮演着一個非常重要的角色，影響層面不單只是某一階層、某一職業、某一年齡的人，而是上自帝王，下至普通百姓，從出生到死亡，不論是生活上的小事如洗髮、出行等，大事如建房、入伙、出兵等，從個人、家族以至國家，從天文、氣象、地理到人事、軍事，從民俗、學術到宗教，都離不開術數的應用。我國最晚在唐代開始，已把以上術數之學，稱作陰陽（學），行術數者稱陰陽人。（敦煌文書、斯四三二七唐《師師漫語話》：「以下說陰陽人謾語話」，此說法後來傳入日本，今日本人稱行術數者為「陰陽師」）。一直到了清末，欽天監中負責陰陽術數的官員中，以及民間術數之士，仍名陰陽生。

古代政府的中欽天監（司天監），除了負責天文、曆法、輿地之外，亦精通其他如星占、選擇、堪輿等術數，除在皇室人員及朝庭中應用外，也定期頒行日書、修定術數，使民間對於天文、日曆用事吉凶及使用其他術數時，有所依從。

我國古代政府對官方及民間陰陽學及陰陽官員，從其內容、人員的選拔、培訓、認證、考核、律法監管等，都有制度。至明清兩代，其制度更為完善、嚴格。

宋代官學之中，課程中已有陰陽學及其考試的內容。（宋徽宗崇寧三年〔一一零四年〕崇寧算學令：「諸學生習……並曆算、三式、天文書。」「諸試……三式即射覆及預占三日陰陽風雨。天文即預

定一月或一季分野災祥，並以依經備草合問為通。」

元代為進一步加強官方陰陽學對民間的影響、管理、控制及培育，除沿襲宋代、金代在司天監掌管陰陽學及中央的官學陰陽學課程之外，更在地方上增設陰陽學課程（《元史·選舉志一》：「世祖至元二十八年夏六月始置諸路陰陽學。」）地方上也設陰陽學教授員，於路、府、州設教授員，凡陰陽人皆管轄之，而上屬於太史焉。」）自此，民間的陰陽術士（陰陽人），被納入官方的管轄之下。

至明清兩代，陰陽學制度更為完善。中央欽天監掌管陰陽學，明代地方縣設陰陽學正術，各州設陰陽學典術，各縣設陰陽學訓術。陰陽人從地方陰陽學肄業或被選拔出來後，再送到欽天監考試。（《大明會典》卷二二三：「凡天下府州縣舉到陰陽人堪任正術等官者，俱從吏部送（欽天監），考中，送回選用；不中者發回原籍為民，原保官吏治罪。」）清代大致沿用明制，凡陰陽術數之流，悉歸中央欽天監及地方陰陽官員管理、培訓、認證。至今尚有「紹興府陰陽印」、「東光縣陰陽學記」等明代銅印，及某某縣某某之清代陰陽執照等傳世。

清代欽天監漏刻科對官員要求甚為嚴格。《大清會典》「國子監」規定：「凡算學之教，設肄業生。滿洲十有二人，蒙古、漢軍各六人，於各旗官學內考取。漢十有二人，於舉人、貢監生童內考取。」學生在官學肄業、貢監生肄業或考得舉人後，經過了五年對天文、算法、陰陽學的學習，其中精通陰陽術數者，會送往漏刻科。而在欽天監供職的官員，《大清會典則例》「欽天監」規定：「本監官生三年考核一次，術業精通者，保題升用。不及者，停其升轉，再加學習。如能黽

史》卷五十一·志第三十二·選舉一）

《元仁宗）延祐初，令陰陽人依儒醫例，於路、府、州、縣設陰陽學教授員，培育及管轄地方陰陽人。（

推步，及《婚書》、《地理新書》試合婚、安葬，並《易》筮法，六壬課、三命、五星之術。」（《金金代司天臺，從民間「草澤人」（即民間習術數人士）考試選拔：「其試之制，以《宣明曆》試

《明會典》卷二二三：「凡天下府州縣舉到陰陽人堪任正術等官者，俱從吏部送（欽天監），考中，送回

附學生二十有四人，由欽天監選送。教以天文演算法諸書，五年學業有成，舉人引見以欽天監博士用，貢監生以天文生補用。」學生在官學肄業、貢監生肄業或考得舉人後，經過了五年對天文、算法、陰陽六

勉供職，即予開復。仍不及者，降職一等，再令學習三年，能習熟者，准予開復，仍不能者，黜退。」

除定期考核以定其升用降職外，《大清律例》中對陰陽術士不準確的推斷（妄言禍福）是要治罪的。

《大清律例．一七八．術七．妄言禍福》：「凡陰陽術士，不許於大小文武官員之家妄言禍福，違者杖一百。其依經推算星命卜課，不在禁限。」大小文武官員延請的陰陽術士，自然是以欽天監漏刻科官員或地方陰陽官員為主。

術數研究

術數在我國古代社會雖然影響深遠，「是傳統中國理念中的一門科學，從傳統的陰陽、五行、九宮、八卦、河圖、洛書等觀念作大自然的研究。……傳統中國的天文學、數學、煉丹術等，要到上世紀中葉始受世界學者肯定。可是，術數還未受到應得的注意。術數在傳統中國科技史、思想史，文化史、社會史，甚至軍事史都有一定的影響。……更進一步了解術數，我們將更能了解中國歷史的全貌。」（何丙郁《術數、天文與醫學中國科技史的新視野》，香港城市大學中國文化中心。）

可是術數至今一直不受正統學界所重視，加上術家藏秘自珍，又揚言天機不可洩漏，「（術數）乃吾國科學與哲學融貫而成一種學說，數千年來傳衍嬗變，或隱或現，全賴一二有心人為之繼續維繫，賴以不絕，其中確有學術上研究之價值，非徒癡人說夢，荒誕不經之謂也。其所以至今不能在科學中成立一種地位者，實有數因。蓋古代士大夫階級目醫卜星相為九流之學，多恥道之；而發明諸大師又故為恫恍迷離之辭，以待後人探索；間有一二賢者有所發明，亦秘莫如深，既恐洩天地之秘，復恐譏為旁門左道，始終不肯公開研究，成立一有系統說明之書籍，貽之後世。故居今日而欲研究此種學術，實一極困難之事。」（民國徐樂吾《子平真詮評註》，方重審序）

現存的術數古籍，除極少數是唐、宋、元的版本外，絕大多數是明、清兩代的版本。其內容也主要是明、清兩代流行的術數，唐宋或以前的術數及其書籍，大部分均已失傳，只能從史料記載、出土文獻、敦煌遺書中稍窺一鱗半爪。

術數版本

坊間術數古籍版本，大多是晚清書坊之翻刻本及民國書賈之重排本，其中豕亥魚魯，或任意增刪，往往文意全非，以至不能卒讀。現今不論是術數愛好者，還是民俗、史學、社會、文化、版本等學術研究者，要想得一常見術數書籍的善本、原版，已經非常困難，更遑論如稿本、鈔本、孤本等珍稀版本。

在文獻不足及缺乏善本的情況下，要想對術數的源流、理法、及其影響，作全面深入的研究，幾不可能。

有見及此，本叢刊編校小組經多年努力及多方協助，在海內外搜羅了二十世紀六十年代以前漢文為主的術數類善本、珍本、鈔本、孤本、稿本、批校本等數百種，精選出其中最佳版本，分別輯入兩個系列：

一、心一堂術數古籍珍本叢刊

二、心一堂術數古籍整理叢刊

前者以最新數碼（數位）技術清理、修復珍本原本的版面，更正明顯的錯訛，部分善本更以原色彩色精印，務求更勝原本。并以每百多種珍本、一百二十冊為一輯，分輯出版，以饗讀者。

後者延請、稿約有關專家、學者，以善本、珍本等作底本，參以其他版本，古籍進行審定、校勘、注釋，務求打造一最善版本，方便現代人閱讀、理解、研究等之用。

限於編校小組的水平，版本選擇及考證、文字修正、提要內容等方面，恐有疏漏及舛誤之處，懇請方家不吝指正。

心一堂術數古籍　整理　珍本　叢刊編校小組

二零零九年七月序

二零一四年九月第三次修訂

三車一覽

三車一覽序

先輩云碁以機璧以意議論五行者以理呼

天下之事縱橫曲折惟一理耳理之所在亙

諸天地而不悖質諸鬼神而無疑至於性命

之書詎可以私意勝說而昧其至理哉是以

天地之性人最為貴陰陽之道其理可推且

夫欲通五行當先審諸子之書然後可以通

其理故古者河出圖洛出書洪範所陳五行

箕子出九疇定文王生八卦成周禮分六官

禮記按月令分七十二候皆聖賢所立也自

珞琭子絕筆之後抱五行家書代不乏人董

仲舒東方朔唱於前闔東叟李虛中和於後

逮林開鬼谷子王子晉輩皆所謂源而委也

自今而觀祿馬財官之論又皆道聽塗說以

執編見空亡刑殺之自有成說雖甲乙備

類各有其吉然揆之以理則不迎刃而自

解也故嘗謂按圖索駿不若胷中自有成駿

膠柱調瑟不若胷中自有成瑟根柱古人之

塵言以品題造化者不若胷中自有造化也

嗟夫圓已陳之迹而不忘也心學之妙無怪

予性命之理日晦而不耳僕少習儒業酷

嗜陰陽歷遍命書今將先聖遺文推求源奧

吐諸胷臆問之以神荅之以心神問心荅編

成六十九章首言五行甲子之所在次言神

殺所得仍述甲子納音象於後篇命之曰三

車一覽五行紀源以示好事君子得其同志

歟若夫始終一理說貫無遺使學者覽之則

視諸碁罫之機意者其庶乎皆景定二禩辛

酉詔歲上元前三日後學樂天埜人謹序

新刊嚴陵先生三車一覽目錄

三車一覽命書詳論卷之一

　　　　　　　　嚴陵方　謙之　編

說五行所生

水火金木土

恭聞天地未判其名混沌乾坤未分是名胚

腪日月星辰未生也陰陽寒暑未分也在上

則無雨露無風雲無霜雪無雷霆不過杳杳

而冥冥在下則無草木無山川無禽獸無人

民不過昧昧而昏昏是時一氣盤結中

太易生水曰太易未有氣

太初生火形未有曰太初有氣未有

太始生木質未有曰太始有形未有

太素生金体曰太素有質未成有質

太極生土乃曰太極質已具形

所以水數一火數二木數三金數四

土數五

逮夫五太既極混沌一判胚暉乃分輕清爲

天重濁爲地二氣相感化而成人其始也或

人形鳥喙或人首蛇身無嗜慾無姓名無邦

國無君臣巢居穴處任其風雨親疎同途莫

知其父五穀未殖飲血茹毛其名蕩蕩其樂

陶陶及其聖賢一出智慧兩分有君臣有父

子鳴呼大道廢而姦詐生妖怪出

論十干十二支所出

十干　甲乙丙丁戊己庚辛壬癸

十二支　子丑寅卯辰巳午未申酉戌

亥

切以姦詐生妖怪出黃帝時有蚩尤神擾亂

當是之時黃帝氏作憂民之苦遂戰蚩尤於

涿鹿之野流血百里不能治之黃帝乃齋戒

築壇祀天方丘禮地於是天降十干十二支

黃帝乃將十干圓布象天十二支方布象地

始此以干為天支為地然後乃能治之此乃十
今州郡城門傲之

干十二支所出也自後有大撓氏為後人所

憂曰嗟吁黃帝乃聖人尚不能治其惡殺萬

一後凡夫被苦將何奈乎遂將十干十二支

分配成六十甲子

論十干十二支所屬

問曰是時大撓氏雖成六十甲子將何以為
金木水火土之稱荅曰始者干元只以甲乙
屬木丙丁屬火戊己屬土庚辛屬金壬癸屬
水此十干所屬也支元只以寅卯屬木巳午
屬火申酉屬金亥子屬水辰戌丑未屬土此
十二支所屬也又曰聖人既以甲乙寅卯木
居東方丙丁巳午火居南方庚辛申酉金居

西方壬癸亥子水居北方戊己土居中央辰

戌丑未散四維其理何見曰

東方有神木昊乘震執規司春生仁風和氣

萬物當此發生所以木居故甲乙寅卯同也

南方有神炎帝乘離執衡司夏生炎陽酷氣

萬物至此咸齊所以火居故丙丁巳午同也

西方有神少昊乘兌執矩司秋生肅殺靜氣

萬物到此收斂所以金居庚辛申酉同也

北方有神顓帝乘坎執權司冬生凝結嚴氣

萬物到此藏伏所以水居壬癸亥子同也

又曰此乃木火金水居四方按四時獨土干

元以戌己居中央支元以辰戌丑未散四維

何謂也曰

中央有神黃帝乘坤執繩司下土況木火金

水皆不可無土故將戌己居中宮辰戌丑未

散四維各得所占　無何公論曰天若無土

不能圓盖于上地若無土不能厚載於下五

穀不生人若無土不能營運于中五常不立

此三才不可闕土也木若無土有失栽培之

力火若無土不能照燭四方金若無土難施

鋒銳之氣水若無土不能遵泛濫之波土若

無土不能長養萬物此五行不可無土所以

干居中央支散四維建立五行而成也此乃

論支干所屬內有納音具載下篇

　　論甲子納音成數納者受也
音者聲也

論甲子納音成數音者聲也

問曰旣大撓氏配成六十甲子何以甲子乙

丑納音屬金丙寅丁卯納音屬火　云云何得

此之所屬也咨曰始分甲子只隨支干兩屬

時七國有賢人鬼谷先生隱江州廬山水簾

洞以大數筭成納音

　甲己子午數九　乙庚丑未數八

　丙辛寅申七數　丁壬卯酉數六

　戊癸辰戌數五　己亥二位數四

將其支干總成其數却以五數除之內不滿

五者以作納音屬也如

零一納音屬火零二納音土零三納音木零

四納音金、零五納音水假如

甲子乙丑屬金者甲數九子亦數九乙數八

丑亦數八、二个九、二个八共成三十四除五

六三十數零有四數故納音屬金又如

戊辰己巳者戊數五辰亦數五己數九巳數

四共成二十三除五四二十數零有三數是

以納音屬木、又曰五行大數則水一火二

土五、今納音却以火一土二水五、而互用木

三金四、又不移何也、　曰五行中謂火本無

此乃納音象曰也時西漢有賢人東方曼倩

先生諱朔解其納音納如納也音者感物取

聲也遂將其甲子分輕重而配成一時号曰

花甲子也此略明其甲子之始因外有詳論

具于別篇

論五行相生、

土生金　金生水　水生木　木生火

火生土

問曰何以謂土能生金荅曰、土乃群倫之主

聲借水然後而有聲然水擊火沸乃得一數水

本無聲借土然後而有聲方作水頃故得五

數土本無聲借火然後而有聲火煉土剛故

得二數唯木與金有自然之聲不假物而成

擊之自然響也源髓歌云五五退之看所

零其零便得納音名一火二土五水位木三

金四自然聲所以水火土互數則金木之數

不移又曰此雖鬼谷成其納音何以甲子

乙丑海中金丙寅丁卯爐中火此意如何曰

土為氣也金受氣之精產乎土中所以土能生金也、

何以金能生水曰金乃氣之神精氣盛則神氣爽所以金能生水也

何以水能生木曰水主智木主仁智通則仁

何以水能生木也

確所以水能生木也

何以木能生火曰木主仁火主禮仁禮相貫

所以木能生火也

何以火能生土曰土居中宮主信人失信則

五常不立人失禮則五常皆履信禮不可失

所以火能生土

論五行相克

金克木　木克土　土克水　水克火

火克金

問曰何謂五行相克荅曰克勝也各恃其勢

以勝之又曰何以謂金克木荅曰金主殺氣

不主生氣萬物自生至殺所以金克木也

何以謂木克土曰木掌生權萬物發生假土

氣以成形土被木盜乎真氣則土散氣塵所

以木克土也

何以謂土克水曰土主信水主智智者巧信

乃確守信而失智所以土克水也

何以謂水克火曰水乃北位火乃位南諸侯

位南面北以朝至尊聖人位北面南以治萬

民所以水克火

何以謂火克金曰金主殺權火成齊萬物萬

物成齊金未收斂所以火克金也

大凡命中見相克者一時未可便作惡論物
須待制而成

且如金能克木木非金斷安得成器 珞琭
子云金木未能成器聽哀樂以難明 吉凶未下
又云木藉金琢然後方能成器 壺中子云
但能成器爲榮未饒結實爲貴詳此見木當
用金以成也但不宜金多多則損矣又如木能
克土凡土命人不可無木蓋土性敦厚其形
窒塞須假木以踈散重濁之氣方爲清秀亦

欲得中不可過多虛中子云與木等則豐饒

木或多則頹烈

又如土能克水水無土則不能導泛濫之波

故水泛當用土以止之　經曰滔滔不止必

有自溺之憂　又如水能克火凡火無水不

能成既濟之功火性炎上則燥而害物當用

水以滋之　經曰炎炎不熄必有自焚之咎

故火又喜水也　又如火能克金凡金無火

不能成形須假火以煅煉　珞琭子云金籍

火煅然後方能濟物所以金喜火也

論五行生旺

問曰何以謂之旺荅曰盛德乘時曰旺旺即帝旺同也又曰何以木旺在春火旺在夏金旺在秋水旺在冬荅曰旺乃得時乘四時而旺荅曰既子母相繼何以夏火旺而子母相繼又曰既子母相繼何以秋金旺此乃火克金爲鬼不爲子母相繼何以也荅曰土雖分四維矣正旺乃在六月何以知之曰戊土寄祿于巳巳土寄祿于午故先

三〇

繼者

以祿而後乘旺所以見土旺於未地乘時相

盛德在木故木旺木生火爲子子乘父衰

而夏盛德在火故火旺火生土爲子故六月

而盛德在土所以土旺土生金爲子而秋盛

德在金故金旺金生水爲子而冬盛德在水

故水旺水生木爲子是以春又當木旺循環

四時而轉也

大凡五行乘時而生是本身自得其旺若於

命中又見生旺是謂物極若失時而生是本
身自無氣又於命中見衰絕是謂非体物極
謂之太過非体謂之不及太過則反不及則
懦當得其中而已又曰何謂得中何謂太過
不及曰

得中者謂得時見休囚失時見生旺是謂得
中也 珞琭賦云將來者進 見此失時生旺功成者
退 見此得時休囚

太過者假如木命生於春本得時而却又逢

亥為長生見寅卯而行東方旺地此為太過

春木宜見休囚為佳

不及者假如金命人生於春本得休囚無氣

了而又復見丑為墓寅為絕戌亥為衰病此

為不及春金宜見生旺為佳其他只傚此循

環而論

傳樞密 諱伯壽
泉州人

辛酉木　丙申火　庚戌金　戊寅土

此木命人見秋則木死是謂失時而見寅

時乃東方木臨官鄉此之謂將來者進所

以一身顯官至於此也

壬申　癸丑　乙酉　甲申

余狀元諱復三山人也

紹興元年

五行大論曰金剛則燥燥則折觀其造物

蓋謂壬申金之自臨官又於日時上見申

酉為西方金旺之鄉是曰剛也兼以四柱

中支干納音並無火則金難以成形又況

金支於十二月則黑帝主事之時而乃水

氣盛之際物本自寒及乎日時又況二位

水乃曰金寒水冷兼以大元壬癸之水不

應去生甲乙之木而納音金不應去生乙

酉甲申之水此爲盜氣也然爲大魁者盖

壬申年見甲申時乃食神同寒加以眞詞

館也貴不顯者謂金無火難成器及金寒

水冷壽不永干元納音盜氣甚也

丁酉　甲辰　丙寅　戊子

毛狀元瞿州入

毛狀元講自知

開禧元年魁

五行大論曰春木旺火相相者以待旺
也而漸有炎勢生於三月乃清明陽壯正物
渴之時則其火大盛干元丙丁火生於寅
納音四位火相於春生於寅四柱支干納
音只有一子爲坎水不能濟六位火則傷
乎燥　經曰杯水不能救焚輿然爲魁者
喜有丁酉酉有畢宿主雨甲辰爲魁龍也
丙寅者寅中有箕宿主風戊子爲雷霆也
此乃自甲至高造物所喜只傷以我風雨

助他用終不及鄰魁壬辰乙巳丙寅戊子

以他風助我用及乎火向雷窒得壬辰水

以濟用此有華有實而無淹滯也

論五行旺相休囚死

旺 相 休 囚 死

	旺	相	休	囚	死
春	木	火	水	金	土
夏	火	土	木	水	金
六月	土	金	火	木	水
秋	金	水	土	火	木

冬水木金土火

問曰前言乘時為旺何以春既木旺而卻火
相水休金囚土死此等何也答曰乘時者旺
所生者相我者休克我者囚我克者死此
為旺相休囚死也又曰何以謂相答曰相者
助也父既得時子必助力助力者克鬼生財
也何謂克鬼生財且如

春木旺木生火則火相木用土財火能生土
木畏金克火能克金此謂克鬼生財子助父

力乃曰相也春水休者謂水能生木生我者

父也子既得時登高明顯赫之地而生我者

當知退矣　五行大論曰所況不然以子承

父業子勞父逸逸則休休者羨之無極休然

無事是以春時木旺水乃木之父故春則水

休也春金囚者克我者囚也彼雖欲克我而

彼不得時將來相氣承旺而被克必死雖未

死而有死之道故曰囚所以春木旺金能克

木而金不得時故曰春金囚也春土死者我

克者死也。春木旺木克土則土死。 五行大

論曰草木發生。土散氣塵所以春木克土則

土死。

夏火旺火生土則土相木生火則木休水克火

則水囚火克金則金死。 五行大論曰大旱金

石流山土焦砂石落所以夏火克金則金死。

六月土旺土生金則金相火生土則火休木

克土則木囚土克水則水死。 五行大論曰

水不死則火無形所以六月暑氣增寒氣減

喻於水死也

秋金旺金生水則水相土生金則土休火克

金則火囚金克木則木死　　五行大論曰金

風蕩葉草木乾落所以秋金克木則木死

冬水旺水生木則木相金生水則金休土克

水則土囚金克火則火死　　五行大論曰大

寒大凜水結冰凝火氣減而寒氣增所以冬

水克火則火死其他旺相休囚皆倣春季論

所有得失吉凶具載前生旺篇一一依前篇

推之。是為造化也。

起月例　見四柱論二卷

甲己之年丙作首　　乙庚之歲戊為頭

丙辛之歲庚寅位　　丁壬壬寅順行流

戊癸但從何處起　　正月便向甲寅求

起時例

甲己還生甲　　乙庚丙子初　　丙辛生戊子

丁壬庚子居　　戊癸生壬子　　遁甲以同途

起胎元例

但從月干辰取次字是支辰取第三位是也

假如甲寅月生即乙巳是胎元處

推坐命

正子　　二亥　　三戌　　四酉

五申　　六未　　七午　　八巳

九辰　　十卯　　十一寅　十二丑

看是何月生得甚時將生時加生月所居順

行見卯即住是安命處

假令正月亥時生將亥加子順數至卯見辰

即辰為坐命也干以年為定如推月同甲己

年則戊辰也

起大運例

凡大運陽男陰女數節候未來日了三日為

一年

陰男陽女數節候過去日了以三日為一年

陽男陰女順行陰男陽女逆行

且如甲子命人三月十五日生是陽男數未

來日了也即看何日立夏若是四月初二日

立夏自三月十五日順數去至立夏則十有

七日即定五歲零八个月運從生月順行

若女命謂之陽女即數過去節看清明是何

日若是三月初二日爲清明自十五日逆數

至清明有十三日即四歲零四个月日運逆

行

起小運例

男順行一歲　丙寅

十歲　乙亥

二十　乙酉

三十　乙未

四十　乙巳

五十　乙卯

嚴陵先生方氏三車一覽命書詳論卷之一

女行逆

一歲壬申　　一十癸亥　　二十癸丑

三十癸卯　　四十癸巳　　五十癸未

六十癸酉

六十乙丑

嚴陵先生方氏三車一覽命書卷之二

論四柱

夫命以年爲主爲父月爲兄弟僚友日爲本

爲妻爲己身時爲子孫爲帝座平坐爲榮辱

之主首胎月爲本根爲母若月應年日應月

此人必生於富貴之家更得時來應日終始

相副尤更盡善虛中云年爲主日爲本主

勝於本當出資廕本勝於主當由自立本主

皆強此名最上五位中欲得抑揚歸中無太

過不及之患方作好命看若有一位不及必

主有患禍大抵傷年主不利父傷月初主艱

辛兼無兄弟不然有之不得力傷日主克傷

或重而無救助謂之折腰殺主有凶禍無末

主傷時主夭兼無子息又忌生年下生月日

時三位年位上生下主損本氣兼破祖蔭下

生上增福德也若上生下得五行相逢乘生

福氣亦作好命看若相乘生禍亦最不佳須

要圓轉不可執一也

宋太諫譁

壬申　癸丑　丙辰　戊戌

此爲被月時上克丙辰日土遇丁未年水

又生木木氣又重故主被誅所謂傷日主

克傷者此也其他傷年月時各以消息論

之

論太歲

問曰何以謂之太歲荅曰其命中四柱以本

生年日太歲也其逐年太歲以六十甲子輪

轉也今之日者皆以太歲作衆人之論此說

未善且如甲子生人又見甲子此可以衆人

論之說凡當生太歲須要日月時相生相應

造化和順則根基牢固一生有卓立成就若

見支干五行不順反克衝破則為傷本主主

無壽及被刑帶殺反生月日時主損本氣破

祖業夫太歲君也主一年之禍福運則臣也

大抵要君臣和悅不要刑戰及要與帝座相

和不要刑衝克害又怕與生時相併經曰坐

時怕逢真太歲真犯者謂甲子時見太歲甲子及大運要與
歲君相和亦不要相併且如大運甲戌而又
見甲戌太歲謂之歲運相併者有命君子得
之謂君臣慶會其年利奏對有面君之喜若
小官得之則為不羡若當省士人得之有高
中之喜既蘭省中則有奏對之象其人雖得
此又要與帝座和協方為奇特若是常俗
小人見太歲與大運相併最為不善若見生
時相和為災則輕若生時不協為災甚重

經曰太歲當頭立諸神不敢當若無官事擾
定則主重喪

　論月

虛中篇補遺六世之談命以謂好月不如好
日好日不如好時此亦衆人之見耳其意以
謂月則大率為日之三十而時日多得之獨
也殊不知得日時之吉而月不應反為無用
生月在所緊也若日時是本生年之福宜歸
運元生旺處以扶助之若日時是本生年之

禍宜歸運元克制處以潛消之故官印貴人

祿馬財星宜在運元生旺處爲佳土多窒塞

宜歸運元疏通處水多泛濫宜歸運元歸宿

處火多暴露宜歸運元晦息處金木太強宜

歸運元沉潛處或則運元集生時之福或則

運元發福於生時運元月也盖行運從月起也所以謂之運元凡建起

吉凶禍福又各以五行消息論不可執一

張運使諱泉

庚申　丙戌　戊子　戊午

此庚申木本為旺火所焚得運元消生時
之禍也

論曰

凡以年為主月為本日為身為妻為中限大
率以日應副年月 傳曰日者三辰之陽帝
王之象發舒光輝無往不照而眾所瞻仰以
奉明德也謂如年月既以支為命 又曰但
看財命有氣縱背祿而不貧

洪孚仲尚書

己丑　丙寅　丁巳　辛亥

此命寅中有官祿甲作官丁巳踐祿辛亥名

位馬帶金為馬頭帶劍平生官況穹崇中年

財祿儲蓄不貲盖中主丁巳乃金財長生末

年火至多就絕傷金破盡平生所積

論時

時為平生鎡基為末主為子孫帝座凡五行

不可太過不可不及行運亦如之　諸家命

書云好年不如好月好日不如好時此說甚

切但只得年月發福處不要生時破壞若敗

聚處仍要生時解釋

張時舉大夫

甲子　甲戌　丙午　乙未

此命甲木歸聚生時乙未上逢貴人相還

故乙未年乙當四柱集福於帝座陽木喜

墓故也

論運

問曰何以謂之運答曰運者動之象也如車

論之轉其運字上以縣頭覆之以象守天下
以之遠從之以象軺軒中有一車將
金氣弱在寅午戌亥生日得巳酉亦佳且如
日爲生年之官星印綬天財貴人祿馬食神
宜歸生時集福最不得月日時上下相併相
克此則中限破壞傷妻居官歇滅若更重者
本身主凶灾切須照應上下看如何集福如
何傷破且以甲言之日辰是辛官宜歸巳酉
日不要帶丙丁重如日本是生年之財宜歸

庫墓生旺之地若歸死絕休囚之地主破祖

業年月日五行或太強宜歸時上下抑之或

太弱宜歸時上崇高之陽神帶生旺宜晦息

陰神帶休囚死絕宜生旺得時祿時馬貴人

皆吉　鬼谷子云日得時祿謂之青雲得路

格　又云鸞臺鳳閣貴人此說爲福亦有緊

慢只如十干中每位有六神且以六甲言之

見丙寅皆是名位祿甲子見之火金造化又

是支神子水驛馬故爲福緊甲戌見之同類

為朋甲申見之祿馬中有長生財又不可他

位水多甲午見之尤能為福盍強得之金喜

於沉潛克制甲辰見之是本空亡不其為福

大凡見祿近處勝於遠處如壬戌見辛亥者

吉壬子見辛亥亦吉戊午見癸巳雖是側轉

就祿然遠向不如近背又看生年符合如何

先要日本與生時相濟方始有晚祿又次看

財命有氣　　珞琭子云陽男陰女陰男陽女

以其逆順數筭運元自生月起十年移一宮

也主十年禍福詳見前

小運乃行年之氣數男一歲丙寅順行女一起運詳見前

歲壬申逆行一年移一宮乃逐年之氣數見詳前起運

又曰何以詳其休咎曰詳其休咎者先論根

基厚薄次觀運氣輕重凡論命以天元爲幹

以地元爲枝以四柱曰根基詳其理命狀如

樹木也使其木始之栽培得地根基壯厚則

無問四時而秀茂更逢春則枝葉繁華花善

秀麗使之花謝必能成實成實之後猶自枝
葉崢嶸此乃命之根基好而又行吉運也若
其木栽培不得地根基淺枝葉茂者逢春亦開
花終不燦爛及花謝應無結果頓然空樹此
乃命不好而倏然得運者其木栽培不得地
全無根基枝莖枯又不逢春花不開葉不茂
乃蹇淺庸材之木此乃命不好又不得運終
身貧薄　齊桓公曰雖有鎡基不如待時好命
洞玄經云基本豐隆運氣贊輔集福萃也

運好

基本早微運氣顛躓佽悷咎也 命不好好 又無好

也

基本興隆運氣衰弱稍歷艱辛未至困窮 得好運不好 命好

顯著

基本早微運氣豐厚亦未借力未臻 得好運不好 命不好 此四者其言甚妙小運逐年移

要與大運和互吉為祥刑衝為咎

論五行寄生十二宮循環數

學堂詞館正印附

金生在巳　木生在亥　火生在寅

水土共生在申 順行十二位

長生　沐浴　冠帶　臨官　帝旺

衰　病　死　墓　絕　胎　養

問曰何以謂之長生 長字上聲 答曰有母必有子

巳中有戊寄宮之土土能生金則金生在巳

亥中有水水能生木則木生在亥

申中有金金能生水則水生在申

中中有木木能生火則火生在寅

寅中有木木能生火則火生在寅

又曰何以土亦生於申曰申乃西南屬坤土

到西南得朋乃曰利亨是以土亦生於申又

曰何以長生前曰沐浴次之以冠帶又次之
以臨官帝旺與夫衰病死墓絕而復胎養迤
邐十二宮循環無端周而復始又何以論之
曰造物大體與人相似人生遺母腹中謂之
生既生矣必當沐浴沐浴之後須當冠帶冠
帶之後則用臨官臨官之後必乘旺既旺則
復衰衰則病病則死死當葬而墓絕則再投
胎入腹又復當養養則又生此循環十二宮
只如人世輪迴也大凡命中見生旺未必便

作吉論見休囚死絕未必便凶且如丙寅自
生火辛巳自生金己亥自生木巳上五者各
持自生之勢 自生與自臨官帝旺等同論 而後必欲歸死
絕之鄉若乃自執生勢了又見臨官帝旺於
造物中太盛火盛則當用水以濟金盛則當
假火以鍛木盛則當用金以琢土盛則當用
木以疎水盛則當借土以止又曰物極爲盛
何以制之則昌曰假如
丙寅自生之火又見生旺則炎炎太燥謂之

火出木爐灰飛煙滅當用水熄其炎勢

辛巳自生之金而又見生旺則曰剛燥謂之

剛礦則折當用火柔其剛勢

己亥自生之木若更見生旺則葉盛枝茂

珞璟子云木盛花茂狀密雲而不雨徒有鬱

鬱之秀終無成器之榮當用金挫其煩勢

戊申自生之土若更見之旺氣則曰窒塞謂

重濁徒增高而不秀麗當用木以通其窒塞

之氣

甲申水之自生若又見旺則曰泛濫謂之溜

溜不止必存崩隄潰岸之虞用見土以止其溜

傾勢又如

甲子自死之金壬午自死之木丁酉自死之

火己卯自死之土乙卯自死之水巳上五者

各歸自死之鄉自與自衰自敗自絕自墓同然後必欲見生

旺之氣本身自在死絕之中更見衰敗絕墓

於造物失乎大柔若死絕又見衰敗無氣者

金當用見土　五行大論曰金死失剛當用

土助　木當用見水　五行大論曰木死枝
枯當用水以滋助　火當用見木　五行大
論曰火死無形當用木以生之因薪見光
土當用見火　五行大論曰土死氣塞當用
火以溫燠　水當用見金　五行大論曰水
死氣濁當用金助其清此造物雖如是論又
在人之通變　珞琭子云五行通道取用多
門理於賢人亂於不肖　又云妙在識其通
變屈拙猶伸巫瞽每於調絃難希律呂其言

甚善通變者喻如有生而不生旺而不旺生

不生者逢生處見克也寅見甲旺不旺者旺處

受傷火見丙寅也火見甲旺不旺者旺處

死處逢救庚子是也又有死不死絕不死者如
人見戌寅是也金命見絕不絕者絕處逢生金如
也他倣此例

絕不能救旺中之尼洞玄經云衰不能救旺中之尼

災愈隆絕遇相生其福必厚於中又有對旺

相克對衰相傷對旺相克者如癸酉見辛卯

癸酉金辛卯木金雖欲對衰相傷者如己未

克木而二者各乘主勢

謂衰絕不尼衰乘救其

能助力也

見庚戌己未火庚戌金火雖克者必長對衰相傷者未憂洞玄經云兩貴不能扶持對旺而克者爲重兩賤不能相使對衰而克者稍輕雖曰相生越雖不能覆鵠卯雖曰相克盂水不能救焚與詳其理固不可一途而取軌歟

學堂詞館

復問曰何以謂之學堂詞館荅曰夫學堂詞館者只長生臨官處是也　壺中子以正印

若對旺相克

金火雖克相傷
金而各自衰不能相傷

作詞舘論非也正學堂乃長生是如金命見

辛巳是爲真學堂

正詞舘乃臨官是金命見壬申是爲正詞舘

凡學堂詞舘切不要犯空亡及衝破支干納

音不要見克方爲得用

寅學堂不真或成富廳官職早貪讀書修學

空有虛名是雖甲辰火命見丙寅命犯空亡
是真學堂終犯空亡

堂如更朝驛馬位極勳高歷天下此言學堂
有祿也祝勝經云甲辰丙
理愚歌云學

又云生來祿馬若同鄉詞舘又兼真學堂遇

中不遇人誰會不遇如何福祿昌（遇不遇者謂犯空亡）

衝破也又云文星聚處人中瑞聲華獨冠英（及受克破也）（學甲）

雄輩降生只逢甲學堂才學豈能寫援萃（學）

堂亦是衝破受克也又況命若入格合造化又不苦在

學堂詞館上而得也

　　京丞相（諱鎧洪）（州人）

　戊午　　己未　　辛巳　　庚寅

此謂學堂有氣詞館無衝正合理愚歌云

詞館又兼真學堂者也

正印

又問曰何以謂之正印荅曰正印者乃五行
之正庫是也 為庫也 墓處是

金命見乙丑 木命見癸未 火命見

甲戌 水土見壬辰丙辰 方是所以謂
之正 也

理愚歌云祿馬四庫又須求盡在五行元葬
處為印庫也 本家者即前所謂金命見乙丑木命見癸未
之類方見別未是不可便作正印
為是也

須得本家者

此表得墓

御製言談云生逢正印必拜玉堂但用命合

格貴氣相扶方為吉也

劉侍郎 諟爐建 寧府人 令

甲子　乙亥　己丑　乙丑

此乃合格命方可用乙丑為本家正印正

合

御製言談之意

論十干合

乙與庚合　丁與壬合　甲與己合

丙與辛合　戊與癸合

問曰五行論中以金能克木木能克土土能
克水水能克火火能克金金克金夫何乙木却與庚
金為合甲木却與己土為合丙火却與辛金
為合丁火却與壬水為合戊土却與癸水為
合此皆不為克而為合何也荅曰凡陽見陽
二陽相競則為克陰見陰二陰不足則為克
陰見陽陽見陰陰陽和則為合也夫
甲丙戊庚壬為陽　乙丁己辛癸為陰是以

合也

乙庚合

東方甲乙之木畏西方庚辛金之所克甲屬
陽爲兄乙屬陰爲妹甲兄遂將乙妹嫁于金
與庚爲妻庚得陰陽和合不相傷也所以乙
與庚合

歌曰

甲乙東方木畏金　　還將乙嫁合庚辛

春時木旺乙歸本　　所以群花開綠林

乙雖嫁與庚為妻而春來木旺金囚木不

畏金克乙歸就甲究竟不免在金家懷胎

歸木家產木色青金色白是以春來園林

自青葉開白花

丁壬合

南方丙丁火畏北方壬癸水克丙屬陽為兄

丁屬陰為妹丙兄遂將丁妹嫁于水家與壬

為妻庶得奇偶和合不相傷所以丁為合也

歌曰

南方火畏北方水　所以將丁嫁與壬

夏乃丁歸將應丙　桑椹熟時當紫林

丁雖嫁與壬爲妻而夏來火旺水囚火不

畏水克丁遂歸火家就丙然不免就水家

懷胎歸火家產水色黑火色赤小滿後桑

椹熟當有紫色

甲己合

中央戊己土畏東方甲乙木丙克戊屬陽爲

兄己屬陰爲妹戊兄遂將己妹嫁于木家與

甲爲妻庚得陰陽和合而不相傷所以甲與

己合

己合

歌曰

戊己中央忌木刑　己來妻甲合歡情

六月己還歸戊本　果實雖然熟帶青

己雖嫁甲爲妻而六月土旺木囚土不畏

木克己遂歸土家就戊然不免於甲家懷

胎歸戊家產土色黃木色青所以六月甜

瓜雖熟內黃皮青　此篇論可見土旺在六月也

正旺在六月也

丙辛合

西方庚辛金畏南方丙丁火所克庚屬陽為
兄辛屬陰為妹庚兄乃將辛妹嫁于火家與
丙為妻庚得二家和諧而不相傷所以丙與
辛合也

歌曰

庚辛性怯南方火　所以將辛配丙同
秋分火死辛歸去　棗赤霜刑落葉紅
辛雖嫁丙為妻而秋來金旺火囚金不畏

火克辛乃歸金家就庚然不免於火家懷

胎歸金家產火赤金白秋中稟熟有半赤

半白之狀楓葉丹

戊癸合

北方壬癸水畏中央戊己土克壬屬陽爲兄

癸屬陰爲妹壬兄乃將癸妹嫁于土家與戊

爲妻庶得陰陽和順而不相傷兩以戊與癸

爲合也

歌曰

北方水長中央土　戊癸懽情偶室房

元冬水旺癸還舍　土孕和凝殺草黃

癸雖嫁戊爲妻然冬來水旺土囚水不畏

土克癸遂歸土家就戊不免於戊家懷胎

歸壬家產水黑土黃嚴冬霜雪彫草木死

而黃出

此干元合要不雜假如

一甲見一己甲亦同謂之合若一甲見兩己

一甲見一己或己見甲謂之合若一甲見兩己

一己見兩甲皆謂陰陽偏枯　壺中子云二

氣偏枯老爲俗物餘合效此又如

千合更見支合乃曰天地得合支干合者如

甲子見己丑也凡見支干俱合當在一旬內

見者乃曰君臣慶會若見合在兩旬中謂之

夫妻聚會盖世事有本國之君有本國之臣

未甞有本國君有異國臣所以在一旬內見

方曰君臣慶會也世事却有本郡之夫而有

他郡之妻所以各旬見只謂夫妻會聚也乃

下和同也一旬者如

甲戌見己卯甲辰見己酉之類

異旬者如甲子見己丑甲午見己未之類若

是見合又須要和氣貴神相助方為有用若

不和內有衝破受傷合中有刑殺皆為不吉

珞璟子云有合無合後學難知<small>有合者和會</small>

<small>無合者仇讎</small>

御製言談云合中帶祿定是台侯合處相傷

反為無補

戊戌　壬戌　壬申　癸卯

眞宏詞謟德秀建<small>寧府人</small>

此乃天地得合共一旬中見正曰君臣慶

會也又戌戌木命生於深秋氣寒而喜見

卯東行有溫和之氣乃曰寒谷生春又秋

木失時喜見卯而旺也此爲造物相扶始

爲奇特也

嚴陵方氏三車一覽卷之二

三車一覽 三之六

論十干化氣

甲己化土　乙庚化金　丙辛化水

丁壬化木　戊癸化火

問曰甲屬木己屬土何以化土乙屬木庚屬

金何以化金丙屬火辛屬金何以化水丁屬

火壬屬水何以化木戊屬土癸屬水何以化

火何以論之荅曰此乃五行眞氣數化者謂

一生二二生三三生萬物凡數至三則變化

無窮矣又曰十二生肖中惟龍善能變化凡
遁中三數遇龍隨其所屬而得其氣也且如
甲己遁起丙寅為一數丁卯為二數戊辰為
三數見辰為龍而得戊屬土所以甲己化真
土也
乙庚遁起見戊寅為一數己卯為二數庚辰
為三數見辰為龍庚屬金所以乙庚化真金
也
丙辛遁起庚寅一數辛卯為二數壬辰為三

數見辰爲龍而得壬辰壬屬水所以丙辛化

眞水也

丁壬遁起壬寅爲一數癸卯爲二數甲辰爲

三數見辰爲龍而得甲屬木所以丁壬化眞

木也

戊癸遁起甲寅爲一數乙卯爲二數丙辰爲

三數辰爲龍而得丙屬火所以戊癸化眞火

也夫化氣眞五行慮命中於五行內無者爲

用也假如命中支干納音皆無水而失造化

若有丙辛可以化眞水也餘效此論

論十二支得合謂之
六合

子與丑合　　寅與亥合　　卯與戌合

辰與酉合　　巳與申合　　午與未合

問曰何以謂之支元六合子寅辰午申戌六

者爲陽丑卯巳未酉亥六者爲陰是以一陰

一陽和而之謂合　易曰一陰一陽之謂道

又問曰然是一陰一陽和而謂合何故子合

丑寅合亥却不子合亥寅合丑子曰造物中

雖是陰陽爲合氣數中要占陽氣爲尊

子爲一陽丑爲二陽一二成三數

寅爲三陽亥是六陰三六成九數

卯爲四陽戌是五陰四五得九數

辰爲五陽酉爲四陰五四得九數

巳爲六陽申爲三陰六三得九數

午爲一陰未爲二陰一二得三數

子丑午未各得三者三生萬物餘皆得九者

乃陽數極也此即以月建與日月合論之假

如十一月月建在子日月合在丑是子與丑

合也餘做此例凡命中有合祿合馬合貴

珞琭子云是從無而立有謂見不見之形也

從無立有者喻如甲生以寅為祿而不見寅

而見亥謂之合祿寅生人以申為馬不見申

而見巳謂之合馬甲戌庚人以丑未為貴不

見丑未而見子午謂之合貴大凡男人忌之

於合絕女人忌之於合貴　經曰明合不如

暗合拱實不如拱虛此之謂也餘做此例論

之若支元得合而干元又合者其詳論在十

干合中

論支元三合 化局附

亥卯未　寅午戌　申子辰　巳酉丑

問曰何以謂之支元三合答曰三合者如人一身之運用也精乃氣之元氣乃神之本精氣神不散而合是以精爲氣之母神爲氣之子子母互相生不散爲合蓋謂支屬人人元故以此論之如

寅午戌合，寅乃午之母，戌乃午之子〔謂寅木生午火，午火〕生戌土也，所以寅午戌為合也。

申子辰合，申乃子之母，辰乃子之子〔謂申金生子水，子水〕生辰土也，所以申子辰為合也。

巳酉丑合，巳乃酉之母，丑乃酉之子〔謂巳火生丑土，丑土〕生酉金也，所以巳酉丑為合也。

亥卯未合，亥乃卯之母，未乃卯之子〔謂亥水生卯木，卯木生未丁火〕，所以亥卯未為合也。

又問曰：何以亥卯未為化木局，巳酉丑化金

局寅午戌化火局申子辰化水局荅曰洪範

所陳五行水曰潤下（申子辰是也）火曰炎上（寅午戌是）

木曰曲直（亥卯未也）金曰從革（巳酉丑也）土愛稼穡（辰戌丑未也）

何以知之曰

申乃水生子乃水旺辰乃水庫生則產也旺

即成也庫即收也有生有成有收故曰得始

而得終遂以申子辰為化水局也

巳乃金生酉乃金旺丑乃金庫遂以巳酉丑

為化金局也

寅乃火生午乃火旺戌乃火庫遂以寅午戌

化火局亥乃木生卯乃木旺未乃木庫是以

亥卯未化木局須用三字全方成化局若闕

其一則化不成局也如見辰戌丑未四字全

又作土局論此為三合化局凡人命中有合

又要得局為佳得局者假令

丙丁生人見亥卯未巳酉丑為得局 丙丁屬火以亥
卯未木生火以
巳酉丑金為財 見寅午戌為本局見申子辰

為鬼局見辰戌丑未為脫局又如

丙生人見巳酉丑為三會祿格 謂丙生人以巳為祿得巳

酉丑為合 丁生人見寅午戌 謂丁祿居午合午戌見寅珞琭子

云祿有三會又云得一分三前賢不載壺

中子云得一分三折月中之仙桂此之謂也

其他皆倣此局例

梁丞相 諱克家泉州人 紹興三十年魁

丁未　癸卯　癸亥　癸丑

丁生人見亥卯未為得局

留丞相 諱正泉州人

己酉　丙子　甲辰　壬申

己酉見甲辰乃旬中見天地合正君臣慶

會又況己人得申子辰財局爲佳盖己生

人以甲爲官星甲屬木申子辰水生木乃

官星受生所以歷三朝執政又正拜爲宰

相豈非命耶

　　論十干食神

甲食丙兮丙食戊　戊食庚兮須堅固

庚壬壬甲兩相吞　此是食神真逕路

此乃陽食神

陰食神

乙食丁兮丁食己　己食辛兮辛食癸

癸乙相逢順却昌　逆食之時終不羡

問曰何以謂之食神荅曰食神者若子養父也

如父老則待子以贍乃曰食神又云何以甲

食丙乙食丁曰甲乙木生丙丁火為子壯而

必生衰老則待子以侍養故甲食丙為陽乙

食丁為陰他效此

凡食神須用食地有氣不犯空亡帶生旺見
祿馬貴人皆爲吉若犯空亡無氣無福神皆
爲不用　司馬季主云食神若遇空閑大抵
難逃憔悴其言必要有福爲佳壺中子云
食神嫌倒爭啜爭哺忽佇相臨乏乳乏漿有
餘則食前方丈不足則簞食豆羹其言未善
大抵食神不問倒與順只欲有氣見福神爲
奇
指迷賦云食神一二當用處一代於三若遇

空閑遇三重不反於一洞玄經云一我食

三彼彼無氣兮我何享三彼食一我居高

而我何懼喻如

一甲食三丙雖順而三丙皆無氣實爲空也

又如

三丙返食一戊是爲梟食若戊有氣

居福神上又何慮焉玄經詳論見洞又有食神同

窠者更得福氣相和最妙而爲榮貴食神同

窠如

甲子見丙子乙丑見丁丑之類

秦太師 諱檜 建
康人

庚午　丁亥　乙未　壬午

此為入格又庚午見壬午謂食神同窠又

就食神見祿豈不羨哉

錢太尹 開封
府主封

丙寅　甲午　甲戌　甲戌

此三甲梟食一丙喜丙火生仲夏而得時

又居寅在長生地加之就食見祿凡命以

年為主一身有祿而眾人受之喻如一子

受皇恩全家食天祿之謂也

論官星印綬

甲用辛爲官　　癸爲印綬

乙用庚爲官　　壬爲印綬

丙用癸爲官　　乙爲印綬

丁用壬爲官　　甲爲印綬

戊用乙爲官　　丁爲印綬

己用甲爲官　　丙爲印綬

庚用丁爲官　　己爲印綬

辛用丙為官　　戊為印綬

壬用己為官　　辛為印綬

癸用戊為官　　庚為印綬

問曰甲乙以庚辛為鬼何以甲用辛為官星

乙用庚為官星何也答曰純陽純陰則為鬼

陰陽相制則為官也且以

甲之陽木用庚陽金為鬼乙陰木用辛陰金

為鬼又曰何以謂之官曰謹其身則為官甲

之陽木用辛之陰金制之為官乙之陰木用

庚之陽金制之為官也陽乃剛也陰乃柔也

剛柔相濟徤順相資則為官制者謂謹也凡

人有命在身守己如臨深淵如履薄冰所以

用制則為官也他官星皆做此例論近有化成書論官

星大謬有正官有徧官有管成官大抵三元

只共有二十七个字上至卿相下及庶人皆

在二十七字中出不逃此二十七字之外十二

七字者干元十字攴若以正官偏官又有管

元十二字納音五字

成官斯天下之人皆是貴命按

太乙經論官星畏克謂之福基受傷其他官
皆依此　凡福基受傷非寫文人畏之難得功星受克
例以論

名成就他人皆畏之犯者決一生困苦設使

富足亦主無後不然促壽　鬼谷遺文曰設

使已前逢富貴定知日後怨咨嗟此論官星

所出也

又問曰何以謂之印綬曰印者權柄也綬色

服也凡是官星所食之神寫印綬也何以謂

之曰如人有官當食祿時方有主印之權既

當主印之權必有食祿所以官星見食神處

為印綬也假令

甲人以辛為官星辛食癸則癸為印綬

乙人以庚為官星庚食壬則壬為印綬依此他皆

大抵人命中既有官星須用印綬相扶有印

綬必用官星為主

求清顯之名有印無官發不在迅速之內詳

此理官印以全為妙於中有無官無印者為

貴何也無則全無又為奇若命入格合造化

指迷賦云有官無印難

亦不在乎官星及印綬而爲大貴既有官星

印綬在命又要有氣及不犯空亡之類司

馬季主云時日生逢官印須憑有氣之鄉或

遇衝破空亡此等遇如不遇　祝勝經云官

印全則乘使者之車官印破則爲賤吏之

輩又況官星印綬要來刑命去刑命爲吉若

官星印綬者亦謂之刑破凡官星印綬只見

一位者爲良若見二三者謂之官亂最爲不

羨官亂者如一甲見二辛三辛之類

羨印亂者如一甲見二癸三癸之類主性不

一有恃強良

洞玄經云天官惡而吉去盖

謂官以制而名然官不宜過多過於大極則

反矣譬如斧斤之治木不巳則木傷折矣詳

此理則官星印綬多則反亂矣

葉龍圖 諱三省 嚴州人

甲子　己巳　癸未　辛酉

此甲人以辛為官星辛金旺於酉又是天

福貴人甲以癸為印綬甲貴在未正謂官

印帶貴　神白經云面前官印喜非常烜

赫才高坐廟堂兼不犯衝破一生仕路騰
踏

沈通判諱衢 州人

庚子　丁亥　己丑　庚午

此命官星印綬全俱到時上逢祿終嫌亥
子丑俱屬北方水星傷丁火泛己土足曰
福基受傷雖幼年登第而一生多蹇剝終
不能守土也

傅狀元諱行簡 明州人　嘉泰二年

戊子　甲寅　甲寅　甲子

造化論曰戊用乙爲官星成用甲爲干鬼

奈一戊之土何緣禁得三位甲木反傷然

爲大魁者謂戊日拱貴也又喜火到此長

生而爲學堂然重寅生旺必盛行子納音

水以濟之此爲吉也然則官與壽不享者

只嫌天元反克之爲甚也若以化成書論

戊人以甲爲偏官大謬却又云二位偏官

可作一位正官使此乃謬之又謬歟

嚴陵方氏三車一覽卷之三

論三奇

天上三奇乙丙丁　地下三奇甲戊庚

問曰何以謂之奇曰奇者異也物以貴為奇

天有奇莫貴乎日月星也然日月星乃三光

故曰三奇以乙為日丙為月丁為星丙以有

此三奇地之奇者甲為陽木之魁戊為陽土

之君庚為陽金之精所以地有此三陽物為

奇居乎天地尚以為奇況人命見之豈不喜

耶大抵三奇一者要順不欲倒亂二者要得

地何以謂之順乙丙丁甲戊庚顯然排列為

順也何謂得地如天三奇當用列于天門之

上則三光有所依附天門者乾也人命既余

天元有乙丙丁顯然而順常要支元有戌亥

方是戌謂亥屬乾乾為天也又況然有乙丙

丁設使順而得地又不欲支元寅酉丑卯巳

之類何也盖寅中有箕宿主風酉中有畢宿

主雨丑卯為風雷巳屬巽為風既有日月星

若見風雷雨則三光失明奇不得時也若無
戌亥則三光無所依附也地下三奇須用見
申中屬坤坤為地然有坤則甲陽木得之戌
陽土得之庚陽金得之冲和雍厚生成萬物
若有甲戊庚而順如無申則為無用　易曰
西南得朋東北喪朋此之謂矣　理愚歌曰
三奇天乙見生時館殿清華世所稀此乃三
奇見貴而得用　御製言談云三奇之濟尚
有虛聲　理愚又云三奇倒亂字中虛沒齒

終為一腐儒微露吉殺分毫力且免平生貧
賤徒壺中子云三奇倒亂呂望為白頭釣
叟詳諸先賢之語皆欲順而得地方為奇
也

蔣內翰諱之奇
　　　婺州人

乙亥　　丙戌　　丁未　　戊申

此命為三奇順而又得地更天門地戶全
也

論十干祿

甲祿在寅　乙祿在卯　丙戊祿在巳

丁己祿居午　庚祿居申　辛祿居酉

壬祿在亥　癸祿在子

問曰何以謂之祿荅曰祿乃爵祿也當得勢

而享乃謂之祿　又曰何以甲以寅祿乙以

卯祿曰自始分十干十二支時便以甲乙配

同寅卯居東丙丁配同巳午居南庚辛配同

申酉居西壬癸配同亥子居北盖謂祿隨旺

行所以甲以寅祿乙以卯祿戊寄于巳己寄

于午謂巳午乃火旺之鄉此謂子隨母祿餘

者皆以是論又曰何以十干就支神爲祿內

有辰戌丑未四宮不爲祿何也曰辰戌丑未

爲魁剛名曰邊鄙丑未乃天乙貴人出入之

門魁剛乃惡地祿元不寄丑未爲貴人門祿

元避之所以辰戌丑未四宮祿元不寄也又

問曰凡人命帶祿或吉或凶或貴或賤又何

以論之荅曰祿未可以全靠便爲吉論

太乙妙旨云君不見祿馬貴人無準托考究

五行之善惡天元羸弱未爲災地氣堅牢足

懽樂 源髓歌云祿馬更有多般說自衰自

死兼敗絕 司馬季主云祿多馬少使主神

勞祿少馬多能操善負命之見祿要簡而不

要煩又且要祿干不返傷本主不犯梟食爲

佳 洞玄經云甲以寅祿庚壬本非駕

祿子云祿馬同鄉不三台而八座其言未可 珞

便以爲吉也 韓琶命書云祿馬同鄉者有

孤孀祿馬之說孤孀祿馬者如甲子見丙寅

庚午見壬申此雖祿馬同鄉殊不知甲子乃

一陽乙丑乃二陽丙寅乃三陽純陽無陰也

庚午見壬申者庚午乃一陰辛未乃二陰壬

申乃三陰純陰而無陽此二者皆謂之孤孀

祿馬何謂丙寅為純陽壬申為純陰蓋陽遁

丙寅為先所以男行年起丙寅女行年起壬

申此為純陽純陰也凡命中有祿惟嫌於無

氣怕衰絕最不要犯衝謂之破祿破祿者如

見申衝之是謂破祿乙以卯祿甲以寅祿

見酉衝之為破祿餘倣此例論源髓歌云破

卯破財并破祿破馬少曾爲命祿此說相衝

也又嫌犯空亡　沈芝云祿入空亡何所知

虛名虛譽是堪嗟此說嫌空亡又況命中有

暗祿有拱祿得此更妙暗祿謂合祿也　以如

祿無寅見亥見是也餘做此拱祿謂拱於中也
如甲以寅祿居子中不見祿

寅而見丑卯在兩傍而拱之謂之拱虛拱

實者如甲人見寅又見丑卯是也餘做此大

抵命入格合造化亦不專在祿上也

庚午　丁亥　庚午　甲申

黃狀元　淳熙八年大魁

諱甲平

江府人

此乃祿馬同鄉而有氣天元不返傷納音

順克正如　珞琭子云祿馬同鄉不三台

而八座者正謂乎此也

大大王

甲子　丙寅　甲子　丙寅

此亦名祿馬同鄉為福為貴終嫌犯孤孀

而不能享壽享福歟

西安老子 縣后山西安寺
在建寧府建陽

甲子　乙亥　辛巳　庚寅

此祿馬同鄉終嫌干元返傷支元寅巳刑

破壽踰七十癸酉春首遭劫寇十餘人衆

手歐死經官檢驗死于狼藉中先享清貴

福無過祿馬也後遭惡死乃祿頭帶鬼又

犯刑害也 洞玄經云甲以寅祿庚壬本

非駕又云祿可以興騰有時乎無用其言

甚善

論天乙貴人

甲戊庚牛羊　　乙己鼠候鄉

丙丁豬雞位　　　壬癸兔蛇藏

六辛見虎馬　　　此是貴人方

十干臨十位　　　不臨魁與剛

問曰何以爲之天乙貴人答曰夫天乙者在

紫微宮門外事天皇大帝下遊三辰家在己丑

斗牛之次出乎己未井鬼之舍執玉衡較量

天人之事乃上天之神而曰天一也又曰何

以謂之貴人答曰貴人以喜而位禮以和爲貴

乃曰貴人又曰何以甲戊庚以丑未爲貴曰

甲戊庚者甲陽木乘少陽之氣生乎東方至
巳而陽用事畢矣故退藏未而為貴庚陽金
乘少陰之氣而生乎西至亥而陰用事畢矣
故退藏於丑而為貴戊陽土沖和中央播於
四時甲因之萬物生庚因之萬物成則生成
之理畢矣此三者到丑未以喜而為貴也又
曰何謂乙巳用申子為貴曰
乙乃陰木巳乃陰土二位無氣失類而無兩
居必待申子生旺水土滋養充實補助不足

此二者喜見申子而貴又曰何以丙丁酉亥

爲貴曰

丙丁之火當盛夏則其性至酷而害萬物性

熄於酉藏於亥以西北成齊之氣而和矣此

二者以酉亥陰氣和而爲貴也又曰何以壬

癸卯巳爲貴曰

壬癸之水至窮冬則其性嚴而殺萬物唯當

於卯潛於巳以東南溫燠之氣和而爲貴此

二者以巳卯陽氣和而爲貴也又曰何以六

辛以寅午爲貴曰

辛乃陰金執方不能自化須用假寅午生旺
之火剉剛革而成形爲貴此辛者乃寅午成
而爲貴也　近輩以庚辛見寅午爲貴人大謬也
支外有辰戌二位而貴不臨何也曰
辰戌乃魁剛惡弱之地而天一不臨所以不
爲貴也　壺中子云辰戌名爲邊鄙天一不
臨此之謂也凡命中有見貴人而吉者亦有
見而凶者何也曰凡貴人所臨之處亦要有

生旺無衝破道理順不落空亡為佳　理愚

歌曰貴人或落空亡裏祿馬背違如不值

洞玄經云貴人嗔則函來何以謂之嗔曰天

元納音意不相和為嗔也

賈狀元　諱點

壬戌　　丁未　　己酉　　　慶曆七年魁

此年月日時四位干神貴併在日時上順

而相生無返克之惡方為貴也

守土人命　不欲顯姓名

癸丑　丁巳　己卯　丁卯

此四柱中互換見貴人支干傷而不巳雖

至奉直大夫而末後被追官刺面安致衰

州此方近壬子年事也

論天官貴人

天官遁甲入羊群　乙貴清龍事可陳

丙見巳兮爲官貴　巳共壬人酉戌尋

戊用卯兮庚宜亥　辛喜申兮丁愛寅

六癸之人逢見午　必作清朝顯職人

問曰何以謂之天官貴人荅曰貴人者只如

前天一貴人篇同論天官者謂官星所居之

地以本旬遁得支元是也如

甲人以辛為官星本旬遁得辛未所以未為

天官貴乙人以庚為官星本旬遁見庚辰所

以辰為貴也

丙人以癸為官星丙本旬遁見癸巳所以巳

為貴也餘皆倣此例論雖然命中有得者尤

要天元清秀不反傷納音和而福神助乃為

吉也 洞玄經云天官惡而吉去惡乃反傷反克不順

無氣為惡

余狀元諱申

庚寅　戊子　癸亥　癸丑

此庚寅見癸亥三元皆有和氣所以為貴也

方縣丞諱應之嚴州人

丙寅　壬辰　丙申　癸巳

此乃丙人見癸巳乃得正天官貴也只傷

癸巳自絕之水反克丙寅自生火水絕無

歸爲鬼愈甚其

年癸未十八歲登科至二十年只在選人

方再任而不祿可謂天官惡而吉去

論天福貴人

甲愛金鷄乙愛猴　　丁豬丙鼠己寅頭

戊尋玉兔庚壬馬　辛癸逢蛇官未休

問曰何以謂之天福貴人曰貴同前篇論天

福者謂官星就處見祿是爲天福如人有官

甲戌庚者甲陽木乘少陽之氣生于東方至
巳而陽用事畢矣故退藏未而爲貴庚陽金
乘少陰之氣而生乎西至亥而陰用事畢矣
故退藏於丑而爲貴戊陽土沖和中央播於
四時甲因之萬物生庚因之萬物成則生成
之理畢矣此三者到丑未以喜而爲貴也又
曰何謂乙巳用申子爲貴曰
乙乃陰木己乃陰土二位無氣失類而無兩
居必待申子生旺水土滋養充實補助不足

此二者喜見申子而貴又曰何以丙丁酉亥

為貴曰

丙丁之火當盛夏則其性至酷而害萬物性

熄於酉藏於亥以西北成齊之氣而和矣此

二者以酉亥陰氣和而為貴也又曰何以壬

癸卯巳為貴曰

壬癸之水至窮冬則其性嚴而殺萬物唯畜

於卯潛於巳以東南溫煥之氣和而為貴此

二者以巳卯陽氣和而為貴也又曰何以六

而又得祿與非天福也假如

甲生人以辛爲官星辛祿在酉是以甲人見
酉是也

乙生人以庚爲官星庚祿在申是以乙人見
申是也

丙生人以癸爲官星癸祿在子是以丙人見
子是也

丁生人以壬爲官星壬祿在亥是以丁人見
亥是也

戊生人以乙為官星乙祿在卯是以戊人見
卯是也

己生人以甲為官星甲祿在寅是以己人見
寅是也

庚生人以丁為官星丁祿在午是以庚人見
午是也

辛生人以丙為官星丙祿在巳是以辛人見
巳是也

壬生人以己為官星己祿在午是以壬人見
午是

午是也

癸用戊為官星戊祿在巳是以癸人見巳是

也

凡命帶此加以福神助之有氣為佳若只尋

常命見未可便作吉論

寇萊公諱準

辛巳 金 癸巳 水 辛巳 金 癸巳 水

此命入鳳凰支干格又辛用丙官丙祿在

巳癸用戊官戊祿在巳方為大貴也

論太極貴

甲乙生人子午中　丙丁鷄兎定亨通

戊己兩干臨四季　庚辛寅亥祿盈豐

壬癸巳申偏喜羨　值此應當福氣鍾

　　　　　　　　侯封萬戶列三公

更須貴格相扶合

問曰何以謂之太極貴人曰貴同前論太極
者大乃初也始也物造於初爲太極者乃成
也收也物有歸曰極貴乎始終相保乃曰太
極貴也又曰何以甲乙用子午丙丁用卯酉

戊己用辰戌丑未之屬曰

甲乙乃木也先喜子坎水而助生後終乎午

離火位而死此乃爲有始有終歟

丙丁乃火也先喜出乎震卯也後喜藏乎兌

酉也此非有始有終歟

戊己乃土也喜辰戌丑未爲正庫也

歌云四庫全時爲至貴位班上列據權衡　理愚

庚辛乃金也得寅乃金生乎艮見亥乃金廟

子乾此亦有始有終也

壬癸水也先得申而生也後得巳而納也

經曰地陷東南四瀆俱流巽位巳屬巽也水

至是而歸也命入格更有福氣助豈不貴哉

吳舍人 諱奥瞿 州人

辛亥　癸巳　庚寅　丁亥

此為入格又得寅亥助之所以榮貴也

嚴陵方氏三車一覽卷之四

嚴陵方氏三車一覽卷之五

論天廚祿貴

甲丙愛行雙女巳 遊 乙丁獅子午己
金牛酉 戊樂陰陽申 庚魚地亥 二千石祿
坐皇州癸用天蝎卯 壬人馬寅 辛到寶瓶

丁祿 自由此是天廚注天祿令人福慧兩

優游

問曰何以謂之天廚祿荅曰此乃食神就見

祿是謂天廚祿也既有食神又就位見祿豈

不羨哉又曰何謂食見祿荅曰且如

甲人以丙爲食神丙祿在巳所以甲人見巳

是也

乙人以丁爲食神丁祿在午所以乙人見午

是也

丙人以戊爲食神戊祿在巳所以丙人見巳

是也

丁人以己爲食神己祿在午所以丁人見午

是也

戊人以庚爲食神庚祿在申所以戊人見申
是也
己人以辛爲食神辛祿在酉所以己人見酉
是也
庚人以壬爲食神壬祿在亥所以庚人見亥
是也
辛人以癸爲食神癸祿在子所以辛人見子
是也
壬人以甲爲食神甲祿在寅所以壬人見寅

是也

癸人以乙為食神乙祿在卯丙以癸人見卯

是也

是以此貴常用食神與祿全見者方為是也

且如甲生見丙又見巳方是如有丙無巳有

巳無丙皆非也此餘倣此論

當者為佳

此雖為貴亦要四柱順

富鄭公 諱弼洛
陽人也

甲辰　丙寅　辛巳　癸巳

此乃甲人有丙而又見巳方為得局又況

兼以官星印綬附之于上丙以官至極品

也

史丞相諱彌遠
明州人

甲申　丙寅　乙卯　辛巳

此亦是甲人見丙見巳方是也

論福星貴人

甲丙相邀入虎鄉　更遊鼠穴最高強

戊猴己未乙丁亥　丙人唯喜戌中藏

庚趁馬頭辛到巳　壬騎龍背喜非常

更有丁人愛尋酉　癸乙宜牛卯自昌

問曰何以謂福星答曰福享受自然者謂之

福遁得本旬中真食神者斯謂之福星也若

遇之者雖不貴顯亦為富足之命

甲生人用丙為食神遁本旬內得丙寅丙子

丙以甲人見丙寅為真食神也

乙生人用丁為食神遁本旬內乙生人見丁得丁亥所以乙生人見丁

亥為真食神也

丙生人用戊爲食神遁本旬得戊戌所以丙

人見戊戌爲眞食神也

丁生人用己爲食神遁本旬得己酉所以丁

人見己酉爲眞食神也

戊生人用庚爲食神遁本旬得庚申所以戊

人見庚申爲眞食神也

己生人用辛爲食神遁本旬得辛未所以己

人見辛未爲眞食神也

庚生人用壬爲食神遁本旬得壬午所以庚

人見壬午為真食神也

辛生人用癸為食神遁本旬得癸巳所以辛

人見癸巳為真食神也

壬生人用甲為食神遁本旬得甲辰所以壬　冠王（來公）合此格

人見甲辰為真食神也

癸生人用乙為食神遁本旬得乙丑乙卯所

以癸人見乙丑乙卯為真食神也

劉狀元諱誑　乾德三年魁

甲申　丙寅　己卯　丙寅

此命合格又逢兩位眞者誠爲可貴也

論天德貴人

正丁二坤宮　三壬四辛同　五乾六是甲

七癸八艮宮　九丙十乙取　子巽必有功

庚尋丑月內　值者乃興隆

問曰何以謂之天德荅曰德者莫非利物濟

人掩兌作善而爲之德謂周天有三百六十

五度二十五分半除十二宮分野每宮各占

三十度共計三百六十度外有五度二十五

分半散在十二佐宮也佐宮者甲庚丙壬乙

辛丁癸乾坤艮巽此十二宮謂之神藏殺没

每宮各得四十四分所以

子午卯酉中有甲庚丙壬

辰戌丑未中有乙辛丁癸

寅申巳亥中有乾坤艮巽

庚有

子中有壬
午中有丙
卯中有
酉中有

庚有

丑中有癸
辰中有
未中有丁
戌中有

辛有

寅中有艮
巳中有
申中有坤
亥中有

乾有

巽

此十二位宮能回兇作善乃曰天德也闇

東叟云貴神在位諸殺伏藏一德扶持衆凶

皆散凡人命中帶兇殺得之乃盖之兇不甚

也又湏要在日上見方爲的當若他處見未

當作德論既於日上見了又不要時上克破

衝破刑破又爲不吉

　　吳舜英 魏府奴首

寇萊公時協舊讎特判魏府天雄軍將吳

　甲申　　辛未　　甲寅　　丙寅

舜英赴法臨死留人不斬納爲龍後策止

受封先來爲奴者盖因祿馬多也詩筆才

能亦在祿馬上臨兌不死乃六月天月德

在甲故也後受封亦在二德之爲貴也

壺中子云貞天月二德則霞帔金冠正謂

此也

論月德貴人

寅午戌月在丙　　申子辰月在壬

巳酉丑月在庚　　亥卯未月在甲

問曰何以謂之月德荅曰一月之內有和氣

而爲德矣蓋甲庚丙壬乃四大吉神謂

寅午戌三个月屬火故以丙爲和　月爲是乃正五九

申子辰三个月屬水故以壬爲和　一月是三七十

巳酉丑三个月屬金故以庚爲和　二月是四八十

亥卯未三个月屬木故以甲爲和　月是二六十

亦須在日上見方始爲佳更得四柱聞兼得

福神助之勝如羙錦添花者也

論驛馬

申子辰馬在寅　　　　　　　寅午戌馬在申

巳酉丑馬在亥　　　　　　　亥卯未馬在巳

問曰何以謂之驛馬答曰驛者郵亭也安也

馬者駿駬有傳受之氣有代勞之功病處見

子謂之馬也然則如是乎又何以

申子辰用寅　　　　　　　寅午戌用申

巳酉丑用亥　　　　　　　亥卯未用巳

何以言之答曰病處見子者如人病不能進

待子來接既見子到則如驛馬之來故曰驛

馬也

申子辰屬水局生於申病於寅寅屬木水生乎木木為子此乃病處見子所以申子辰用寅是也

寅午戌屬火局火生於寅病於申申屬坤為土火生土土為子此亦病處見子所以寅午戌用申是也同體土與金同象所以寅午戌本屬金五行大論曰金與土得將申作坤論寄申為驛馬只

巳酉丑屬金局金生在巳病於亥亥屬水金

生水水為子此亦病處見子所以巳酉丑用
亥是也

亥卯未屬木局木生於亥病於巳巳屬火木
生火火為子此亦病處見子所以亥卯未用
巳是也

凡驛馬上見食神謂之名位馬也如甲見丙
乙見丁之類　經云馬為養命之源雖如是
亦要旺氣扶持福神湊就不要自死自絕及
干頭返克梟食此為不羨　洞玄經云馬可

以濟困有時乎不前又曰酉云馬在亥乙癸

不同科　源髓歌云馬在空亡犬食閒犬嚼

難肥事可陳馳寶每聞商廣業嚼花多見女

奔人　韓琦云有馬無鞍皆謂之不前乙癸

不同科者謂如乙酉見癸亥為驛馬我本用

他為馬傳氣代勞却到被反來食我是乙癸

不同科　若見梟食馳寶者謂馬頭帶天財也
亦放此例

不同科　若見梟食馳寶者謂馬頭帶天財也
亦放此例

假如甲子見得之宜商業也嘶花者謂馬在
戍寅之類也

臨官得之主滛色也　沈芝云祿馬更有多

般說自衰自死兼敗絕所以馬亦嫌自死自

絕也假如戊寅見丙申尤嫌反食況丙申又

是自病亦曰不前又如

庚申見戊寅天元梟食戊寅自病亦曰不同

科餘倣此論　　壺中子云馬有駿馱　韓

論馬有戀欄　祝勝經論馬有折足　鬼谷

子論馬有駝尸駿馱馬者莫非生旺也　一云

論馬有戀欄馬者謂馬歸廐受病絕處是折

如是論戀欄馬者謂馬歸廐受病絕處是折

馬恐未　　　　　　　　　　　金火

足馬者謂三人騎一馬也 全而寅爲馬也餘

如是論戀欄馬者謂馬歸廐受病絕處是折

假如申子辰三位

駞尸者謂逢馬見絕也　林開云馬在長

生須富學　理愚歌云鳳池如更朝驛馬位

極勳高歷天下又云祿入都堂皆大拜馬

驟天庭日九遷凡長生為學堂更逢驛馬主

入博學與鳳池如更朝驛馬同論馬頭帶鈒

謂驛馬處千頭見庚辛或納音見金皆謂之

馬頭帶鈒也祿入都堂乃三位四位祿歸一

處也如三甲見寅之類馬驟天庭唯木人得亥馬是

也詳諸子之書莫非生旺有氣福神助之為

上若見死無氣衝刑空亡定為不羡也

甲寅　戊辰　戊申　庚申

呂狀元　諱臻慶曆元年魁

此之謂馬在長生也所以文章冠世雖曰

庚鬼反傷而庚申是自絕究竟此命喜於

三奇輻湊當作吉論又是馬頭帶劍也

論攀鞍

申子辰丑是　寅午戌未是

巳酉丑戌是　亥卯未辰是

問曰何以謂之攀鞍荅曰鞍者馬之備也常
居馬後一辰如人乘騎當備鞍以盖馬也凡
人命中有馬又要攀鞍副之命中有鞍當要
馬以施用　韓瑗云有鞍無馬將何以設用
理愚歌曰攀鞍驛馬來乘遇萬里青雲指
歸路詳此二說當以兩全方為美也

姚狀元 諱瓛崇德三年魁

| 乙酉 | 丁亥 | 丙戌 | 辛卯 |

此命乙酉見丁亥謂之福星名位馬雖生

月見事屬乎衆却得生日攀鞍相副又得

生時見祿時與生日得天地合又入七日

來復格此乃謂福神相助豈不貴顯乎

論將星　華盖附

寅午戌生人　將星在午　華盖在戌

申子辰生人　將星在子　華盖在辰

亥卯未生人　將星在卯　華盖在未

巳酉丑生人　將星在酉　華盖在丑

問曰何以謂之將星何以謂之華盖答曰將

星者如將箚中軍也故以三合中位謂之將

星華蓋者喻如寶蓋其星常覆乎大帝之座

故以三合底處乃庫位謂之華蓋也 洞玄

經曰將星處乎中軍華蓋張乎庫上凡將星

常欲吉神相助貴殺加臨乃為吉矣 珞璟

子云將星扶德太乙加臨乃合貴格又不欲

主本休凶年為主方為�🔲矣 理愚歌云將
      日為本

星若引吉神臨為國棟梁與心膂此皆言吉

助之為貴

華蓋本為吉凡人命中得之多主孤寡縱貴

亦不免為孤獨也遇之多作僧道藝術論

壺中子云華蓋為術藝星王冰為太僕理

愚歌云華蓋雖吉亦有妨或為婷子或孤孀

塡房作贅多闕口缺鉗頂笠披緇黃以此論

之斯可表華蓋為孤星者矣

鄒給事_{誎應龍}_{形武采} 慶元二年魁

壬辰　乙巳　丙寅　戊子

此命辰生人以子為將星造物合格相扶而

為貴造物謂天氣下降地氣上騰何謂天氣

下降天元壬水生乙木乙木生丙火丙火生

戊土也地氣上騰地元子水生寅木寅木生

巳火巳火生辰土也但合格得之方爲有用

　　佛印禪師

　　乙巳　壬午　己丑　乙丑

此兩位華蓋星暗合兩位天乙貴人豈不

爲空門騰達人也

論劫殺亡神附又名

破軍咸池

寅午戌生人　亥為劫殺　巳為亡神

亥卯未生人　申為劫殺　寅為亡神

申子辰生人　巳為劫殺　亥為亡神

巳酉丑生人　寅為劫殺　申為亡神

問曰何以謂之劫殺荅曰劫乃絕地窮也極
也欲進無門可進欲退無路可退乃曰劫殺
也又曰何以謂之亡神曰亡者妄也妄起事
端乃曰破軍殺常與劫殺相對二者衝而為
殺又曰何謂進無門退無路曰劫居四位占

四方常在化局絕處爲劫欲進則有天地日

月之門兌狼之徒安敢進乎吉門此之謂欲

進無門也欲退後有化局墓門遇墓則不能

退此之謂欲退無路也

寅午戌火局火絕於亥欲進前有子爲明堂

欲退後有戌爲火墓是以不能進退所以寅

午戌見亥是劫殺也亥衝巳則爲亡神

亥卯未木局木絕於申欲進前有酉爲日門

欲退後有未爲木墓是以不能進退所以亥

卯未見申是劫殺申衝寅則寅爲亡神

申子辰水局水絕於巳欲進前有午爲端門

欲退後有辰爲水墓不能進退所以申子辰

見巳是劫殺巳衝亥亥爲亡神

巳酉丑金局金絕於寅欲進見卯爲月門欲

退後有丑爲金墓不能進退所以巳酉丑見

寅爲劫殺寅衝申見申爲亡神　然則二殺

如是而吉凶何以論之曰大抵見殺則未可

便言其凶若殺逢休囚又見惡殺互加五行

無氣當作凶論若殺逢生旺加以吉神相助

五行有氣當作吉論又有殺中藏貴當作權

論也　司馬云亡劫官印相扶須持節鉞之

威　壺中子云亡劫倘逢生旺閫外持權源

髓歌曰劫殺雖然心路巧宅若逢之終一破諸家皆言要生

臨官人口浪并勞若也長生終見富言要生

旺也理愚歌云劫殺半凶半吉三奇祿馬為三

公此言要貴氣相扶　沈芝云劫殺更來胎

上見不和主本祖應銷本不和主破蕩祖業此言合中見更與主破蕩祖業

詳諸子之書故不可一途而取耳

劉尚書 諱章衢 州人

庚辰　丁亥　癸巳　丁巳　紹興十五年魁

此辰人以巳為劫殺亥為亡神而天元皆

是庚用丁為官星支元見金生在巳所以

文章冠世四十六歲為大魁官至八位

曾狀元 諱從龍 泉州人

乙未　甲申　丙申　庚寅

此未生人以申為劫殺寅為亡神而乙用

申為天乙貴人是曰殺中藏貴又金臨官

在申見庚寅為亡神又得乙用庚為官星

又況其命曆中深有妙處何也乙未年乙

用丁為食神丁祿在午以未合甲午申月甲

用丙為食神丙祿在巳以申合巳丙申日

丙用戊為食神戊祿在巳以申合巳庚寅

時庚用壬為食神壬祿在亥以寅合亥似

此合局丙以文章冠世二十五歲大魁仕

路烜赫也

嚴陵方氏三車一覽卷之五

論災殺　常居劫殺
前一辰

申子辰在午　　寅午戌在子

巳酉丑在卯　　亥卯未在酉

問曰何以謂災殺苔曰災殺者其性最爲勇

猛居乎劫殺之前衝破將星者謂之災殺也

如

申子辰將星在于子而午却去衝子即午爲

災殺也寅午戌將星在于午而子却去衝午

即子為災殺也巳酉丑將星在于酉而卯却

去衝酉即卯為災殺也亥卯未將星在于卯

而酉却去衝卯即酉為災殺也人命如帶此

有福神相助多主武權亦要如劫殺之狀要

見官星印綬生旺處為佳神白經云災殺

畏乎克生處却為祥者正謂此也

楊令公曾到楚州見其家

世圖得之五行

丁亥　丁未　丁卯　己酉

此命乃為純陰格　經曰陰多好武陽盛

生文誠哉是言可信也又三位天乙貴人

俟三位殺神居於時上所以武略雄壯百

戰而百勝也

論六厄

申子辰在卯　　寅午戌在酉

亥卯未在午　　巳酉丑在子

問曰如何斯可謂之六厄苔曰厄者遭乎難

者也常居驛馬前一辰死而不生者謂之厄

也

申子辰水局水死在卯是以卯為厄也

寅午戌火局火死在酉所以酉為厄也

亥卯未木局木死在午所以午為厄也

巳酉丑金局金死在子所以子為厄也

其殺亦能為吉但得有救護有扶持兼有貴

氣相助必為其吉帶之究竟一生蹇滯

中子云六厄為剝官之殺李廣不封侯以此

見遇之必主蹇滯　洞玄經云六厄逢生而

喜慶可見救之為吉

論元辰 又名大耗頭毛

子未不同期　牛馬獨孤悽

兔猴無伴侶　那堪虎與鷄

蛇犬難相聚　猪龍兌不移

此法人皆捨　常愛候細微

千利方為用　災來不失期

三元窮此理　四柱審興衰

問曰何以謂之元辰者曰元辰別而不合也
陽前陰後有所屈矣屈則於事無所伸陰前
陽前陰後有所屈矣屈則於事無所伸陰前

陽後則直而不逃於事暴而不治難與同事

故謂之元辰是以陽男陰女衝前一辰陰男

陽女衝後一辰此之謂別而不合也犯之者

亦未可便言其兇此殺蓋因別而不合忽然

遇和而又復爲吉也　洞玄經云元辰遇和

而大亨也

論三刑

寅刑巳　巳刑申　申刑寅 之刑日恃勢

丑刑戌　戌刑未　未刑丑 之刑日無恩

子刑卯　卯刑子曰無禮之刑

辰午酉亥曰自刑

問曰何以謂之三刑荅曰三刑者乃四衝不
全也而謂之刑四衝全則立四位而正缺其
一則欹而不正三者各自相推不齊用心而
曰刑也又曰何以寅巳申爲恃勢刑丑戌
未爲無恩刑　子卯爲無禮刑　辰午酉亥
爲自刑此將何論乎荅曰
寅巳申者謂寅中有長生之火有臨官之木

木火爲子父各得其勢在位巳中有寄宫之
土有長生之金土金爲子父各得其勢在位
申中有臨官之金有長生之水金水爲子父
各得其勢在位是以三宫各有子父之勢力
而遁互相刑故曰恃勢相刑也
丑戌未者謂三宫皆屬四維之土而土見土
謂之毗和毗和者兄弟是以兄弟各相刑乃
曰無恩刑也
子卯者子屬水卯屬木水能生木則子水爲

母卯木爲子而子母自相刑乃曰無禮刑也

辰午酉亥者謂寅申巳亥有寅巳申而互相

刑內有亥無刑辰戌丑未四位有丑戌未互

相刑而有辰無刑子午卯酉四位有子卯互

相刑而有午無刑是以此四位謂之自刑

者蓋無兩相刑乃曰自也

又曰夫刑者吉凶何以論之荅曰君子得之

吉小人得之凶何爲君子何爲小人五行之

中有吉辰旺相官星印綬貴氣相扶福神相

助謂之君子似此命得之則為吉為祥而不

能為害也若更命中駁雜有凶神惡殺謂之

小人似此命得則為凶為害鬼谷遺文曰

君子不刑定不發若居仕路多騰達小人到

此必為災不然也被官鞭撻壺中子云八

字無格以扶持九命有刑而駁雜或作閭巷

之輩或為市井之徒詳此而論可表君子得

之則吉小人得之則凶

辰午酉亥四字全而得吉神壓之當為貴為

權最嫌者辰見辰爲自刑午見午爲自刑酉
見酉爲自刑亥見亥爲自刑此爲凶矣若更
見惡殺相併最爲不良沈芝云自刑帶殺不
爲良手足肌膚定見傷不是獄中憔悴死只
因刀劍刃頭傷此可見自刑又帶殺若見刑
中有制又未可便作凶論洞玄經云酉酉
惡其太剛火殺其刑者何憂午午惡其太暴
水減其勢者無咎　又云木並生而勢減水
冷流而溢漲其言辰見辰亥見亥又有木落糞本之義

水流趨末之理木落由衰水流非旺也勢力言其暴
減之則此叚解自刑之理也又如命中有為吉也
官星印綬者須用官星印綬來刑則吉若官
印被命刑則凶　指迷賦云官刑命喜莫教
命返刑官官印受刑雖貴非我即吏
禪師命書云甲子己卯有一說正印鳳池訣一行
丙寅辛巳己同然三公祿位遷此說雖是甲
子見己卯是到官可表官刑命吉也
　溫中奉吏部出身作三任
　　　　侔官至中奉大夫

甲寅　丙子　辛巳　癸巳

此命亦有天廚貴璟又入格官星印綬

全爲貴爲榮不應得命反去刑于官星

印綬所以雖貴則出身不免逃乎吏輩

論羊刃　飛刃附

甲生人　羊刃在卯　飛刃在酉

乙生人　羊刃在辰　飛刃在戌

丙戊人　羊刃在午　飛刃在子

丁己人　羊刃在未　飛刃在丑

庚生人　羊刃在酉　飛刃在卯

辛生人　羊刃在戌　飛刃在辰

壬生人　羊刃在子　飛刃在午

癸生人　羊刃在丑　飛刃在未

問曰何謂羊刃答曰羊訓剛也刃者主宰割
也祿過則刃生功成當退不退乃狠而進也
言進而有傷故羊刃常居祿前一辰謂吉
極則否生乃曰羊刃殺　洞玄經云祿退而
羊刃起凡羊刃衝處謂之飛刃殺凡入命中

帶此亦能爲吉亦能爲凶吉者官印相助福

神相資有祿有刃必作吉論凶者亡劫同徒

惡殺相佐有刃無祿必作凶論　壺中子云

凡人有祿必賜刃以衞之　一行禪師命書

云羊刃重重又見祿富貴饒金玉斯可爲吉

論　理愚歌云倒懸羊刃又同行形骸不免

塡溝壑〔只犯戊字與戌字皆曰倒戈凡倒戈殺乃懸針殺凡懸針〕又云飛刃

倒戈終見乘小人得此便爲災空亡截路同

者干以甲字與辛字支以卯字午字與申字如此者謂之懸針殺也

相見此身安得出塵埃　直截歌曰羊刃更

兼倒戈必作無頭之鬼　司馬云羊刃相逢

劫殺須刺面以為軍於此可見帶殺為凶矣

大凡人之行運最怕羊刃主作事稽滯無投

士農工商皆厭之經曰運逢羊刃財物耗散

其言屢中矣

　　　　　許統制

　　乙卯　庚辰　庚辰　庚辰時

此命犯三位羊刃所喜者乙卯坐本身祿

而得三位羊刃扶之爲權正合一行禪師

命書中論也又喜者支元卯木受三位辰

土以栽培納音一水受三金來生此宜爲

貴也然主武權究竟是殺重以爲也

　二兇徒命

乙亥　庚辰　庚辰　庚辰

此命亦犯三位羊刃所惡者一水受三位

辰土克之又見三位元辰克命納音一位

火見三位金者乃曰藏財育鬼也何謂藏

財育鬼謂金生水水克其火是謂殺克身

將為凶論其人五十二歲交甲戌運衝起

羊刃殺五十四歲太歲又戌辰小運己未

遭凌遲矣

　　羅伴兒

辛丑　辛卯　戊戌　壬戌

其人平生最英雄有名累遭刑徒　淳熙

聞一夜殺三人後被凌遲令入傷神祠受

享為神

論孤神 寡宿 ^{陽角附}

亥子丑生人 寅為孤辰 戌為寡宿

寅卯辰生人 巳為孤辰 丑為寡宿

巳午未生人 申為孤辰 辰為寡宿

申酉戌生人 亥為孤辰 未為寡宿

問曰何以謂之孤辰寡宿答曰所謂孤寡者
孟子言之詳矣老而無妻曰鰥老而無夫曰
寡老而無子曰獨幼而無父曰孤謂人命犯
此殺主孤寡辰宿者辰謂星辰宿謂星宿也

又曰何以亥子丑人有寅孤辰戌寡宿之類

何也曰陰惆陽帳前有孟為孤後有季為寡

乃母絕為孤辰夫墓妻墓為寡宿造物中以

生我者為母克我者為夫我克者為妻且以

亥子丑屬北方水位水用金為母金絕于寅

是母絕水用火為妻火墓在戌是妻墓所以

亥子丑生人用寅為孤辰戌為寡宿

寅卯辰屬東方木位木用水為母絕于巳是

母絕木用金為夫金墓于丑是夫墓所以寅

卯辰生人用巳爲孤辰丑爲寡宿

巳午未屬南方火位火用木爲母木絶于申

是母絶火用水爲夫水墓于辰是夫墓所以

巳午未生人用申爲孤辰辰爲寡宿

申酉戌屬西方金位金用火爲夫火絶在亥

是夫絶金用木爲妻木墓在未是妻墓所以

申酉戌生人用亥爲孤辰未爲寡宿故

神白經云後關爲寡宿前鑰是孤神四柱如

逢此平生少六親

壺中子又云孤寡兩犯貪頂方袍斯可見犯

之主傷骨肉也夫

隔角殺者乃四角而兩位相連者謂之隔角

也所以亥子是　丑寅是　巳午是　未申

是凡有孤神更見愈主傷骨肉也故

祝勝經云骨肉中道分離孤神猶嫌于隔角

詳此而論蓋可知矣

嚴陵方氏三車一覽卷之六

三車一覽　七三十修

論六害

子害未　未害子　丑害午　午害丑

寅害巳　巳害寅　卯害辰　辰害卯

申害亥　亥害申　酉害戌　戌害酉

問曰何以謂之六害荅曰六乃六親也_{父母}_{兄弟}

害乃損也犯之主六親上有損克故_{子謂}_{之六親}

謂之六害也又曰何以謂之子害未_{妻子}

直上見謂之穿心子未害者與衝爲合謂之

害恩未結離巳生乃曰害假如子生人畏午

衝而未却去合午是以子未爲害　丑生人

畏未衝而午却去合未所以丑午爲害也

寅生人畏申衝而巳却去合申所以寅巳爲

害也　卯生人畏酉衝而辰却去合酉所以

卯辰爲害也　申生人畏寅衝而亥却去合

寅所以亥申爲害也　酉生人畏卯衝而戌

却去合卯所以酉戌爲害也　壺中子云子

衝午兮而未合午未害子焉恩之未結害巳

生焉 珞琭子云六害之徒命有七傷之事

詳此可見犯之者主傷骨肉

論暗金的殺

子午卯酉蛇頭開口 巳爲殺

寅申巳亥雞頭粉碎 酉爲殺

辰戌丑未牛頭大忌 丑爲殺

問曰何以謂之暗金的殺曰此三位惡殺者

附于巳酉丑上蓋巳中有金生酉中有金旺

丑中有金墓三殺附於此乃曰暗金的殺也

三車一覽命書詳論

二〇八

犯者必主凶惡又名曰破碎

殺又名曰吟神殺命若帶之必傷骨肉歲運

逢之主孝服哭聲小兒生下犯之主湯火厄

不然身有痕瘢亦為破相　源髓歌云破碎

從來號白衣運更逢之老病危生子細看須

有瘢痕瘢更向火湯期然則是其殺為鹵亦

未必便為之鹵凡諸殺皆如是　洞玄經云

繆戾無過於刑害有時而吉乘違莫甚於衝

破未必皆鹵何也盖刑害殺神皆謂之繆戾

有時則吉者蓋謂命中救之則爲吉或得一

位刑害破衝則吉矣餘殺皆倣此例

論空亡

甲子旬中戌亥是　甲戌旬中申酉是

甲申旬中午未是　甲午旬中辰巳是

甲辰旬中寅卯是　甲寅旬中子丑是

問曰何以謂之空亡荅曰甲旬盡處曰空亡

空對實亡對有言　神白經云空亡空亡幾

多般十干不到作空看　洞玄經云遁窮而

空亡生故以甲旬盡處曰空亡也但看旬盡

處前二辰是

甲子旬遁至酉而十干足所以無亥戌是爲

空亡也

甲戌旬遁至未而十干足所以無申酉是爲

空亡也

甲申旬遁至巳而十干足所以無午未是爲

空亡也

甲午旬遁至卯而十干足所以無辰巳是爲

空亡也

甲辰旬遁至丑而十干足所以無寅卯是爲

空亡也

甲寅旬遁至亥而十干足所以無子丑是爲

空亡也然而空而有實亡而有存所以未可

便爲凶論　珞琭子論空亡云五陽令用一

陽五陰令用一陰陽用陽假如甲子丙寅戊

辰庚午則用戌爲空亡亥不是乙丑丁卯己

巳辛未癸酉則用亥爲空亡戌非也

指迷賦云祿入空亡之內必分前後之辰亦
可以表陰陽之分也亦有命中見空亡而合
格者多矣

洞玄經云淵淨而倥侗無氣空亡多謂之清淨路圓機
而自立一家祿馬貴官上見空亡為九流格辭有章而貢名
學堂見空亡也性無爲而湛如見空亡則可愛美質可愛
功力可珍貴人多見空亡則可珍優游恬淡
無累雕鏤華藻有功休因旺相見空亡也抱越人
之才挾敢斷之果雖超人無福也詳此可見神殺暗指空亡

亦有吉處

何樞密　潭州人　諱落處

丙寅年　戊戌月　壬戌日　辛丑時

此雖是見戌是兩位空亡而華蓋上見正

謂功力可珍兼入眾星拱北格所以少年

省魁登第至於榮此因華蓋隔角並見終

不免乎子孤也

論截路空亡

甲己申酉且爲頭　　乙庚午未不須求

丙辛辰巳多凶敗　　丁壬寅卯最淹留

戊癸不堪逢戌亥〔一云子丑〕登途截路更堪愁

日時若見相逢著　　白髮盈簪苦未休

問曰何以謂之截路空亡答曰以日取時見

之方是今人皆年見在日時便作截路空亡

論者非也截路正如人在路途之間遇水則

不能前進不可以濟故曰截路也

甲己日遁十二時中有申酉二時上見壬癸

為水故甲己見申酉是也

乙庚日遁十二時中有午未二時上見壬癸

為水故乙庚見午未是也

丙辛日遁十二時中有辰巳二時上見壬癸

為水故丙辛見辰巳是也

丁壬日遁十二時中有寅卯二時上見壬癸

為水故丁壬見寅卯是也

戊癸日遁十二時中戌亥位二時上見壬癸

為水故戊癸見戌亥是也

假如甲己日見申酉時乃為正犯其餘者見

之非也此空亡非但命中見之為不羨以至
出入求財交易上官嫁娶百事用之當忌耳

論四大空亡

甲子并甲午　旬中水絕流

甲寅與甲申　金氣杳難求

問曰何以謂之四大空亡荅曰六甲中只有
甲辰甲戌二旬之中有金木水火土全内甲
子甲午旬中獨無水甲寅甲申旬無金此四
旬者五行不全謂之四大空亡

如甲子甲午旬中生人見水者謂之正犯如
當生命中不犯行運至水處亦為犯也甲寅
甲申旬中生人須用見金方是如命中無金
行運當金處亦謂之犯也若帶得一生用事
主蹇滯不問貧賤與富貴皆主夭折 壺中
子有云顏回夭折只因四大空亡正謂此也

論十惡大敗日

甲辰乙巳與壬申　丙申丁亥及庚辰

戊戌癸亥加辛巳　己丑都來十位神

邦國用兵須大忌　　龍蛇出穴也防身

人生若還值此日　　倉庫金銀化作塵

問曰何以謂之十惡大敗日答曰夫十惡者

鹵也大敗者怯敵也謂六甲旬中有十箇日

值祿入空亡此十日謂之大敗故曰十惡大

敗也命中犯者當以日上見之方爲是也若

其餘見之未可便作十惡論又況犯者未必

便可爲凶亦能主權主柄若內有吉神相扶

貴氣相輔當爲吉矣又曰何以謂之祿入空

亡曰如

甲辰乙巳者甲以寅爲祿乙以卯爲祿是故

甲辰旬以寅卯爲空亡此爲祿入空亡是以

敗也

壬申者壬以亥爲祿甲子旬中以亥爲空亡

是以敗也至於丙申丁亥庚辰戊戌癸亥辛

巳己丑等日皆倣此以推耳

張帥 平江府人

丙辰 庚寅 壬申 乙巳

此命雖則壬申日正犯十惡大敗又況寅

巳申為三刑蓋為四柱各自持納音之勢

何以言之曰丙辰土家自印　庚寅木自

臨官　壬申金自臨官　乙巳火自臨官

此為四柱各自納音之勢也又況丙辰土

受中央之正氣則敬神而自得守信而不

移庚寅木受東方之正氣則屈伸而自如

行仁而不伐壬申金受西方之正氣則剛

毅果敢用義而不刻乙巳火受南方之正

氣則精神之炳靈好禮而不倦以此造物

宜其仕路之烜赫也

決四廢日

春庚　夏壬　秋甲　冬丙

問曰何以謂之四廢荅曰囚死而無用謂之

廢

春乃木神用事之時金囚而無用故以庚為

廢 金也
　庚屬

夏乃火神用事之時水囚而無用故以壬為

廢壬屬
水也

秋乃金神用事之時木死而無用故以甲爲

廢甲屬
木也

冬乃水神用事之時火死而無用故以丙爲

廢丙屬
火也今人多以春見庚辛便謂之廢夏

見壬癸便爲之廢　秋見甲乙便謂之廢

冬見丙丁便謂之廢殊豈知廢用連支干見方

爲正是蓋春夏秋冬只有四日乃謂之四廢

也又曰何以謂之支干連見荅曰　春庚者

庚申是也　夏壬者壬子是也　秋甲者甲

寅是也　冬丙者丙午是也盖申亦屬金子

亦屬水寅亦屬木而午亦屬火也夫是之謂

連見切以四廢凡人命中帶此作事不成而

無終始至於用事之初亦宜避之近輩晚學

誑惑人以纔見庚辛便作廢論豈不繆哉殊

不知於命中無忌也

謝尚書 諱源明
　　　邵武人

丁巳　己酉　甲寅　壬申

此秋月生人見甲寅乃正四廢日何況少

年登科兩知制置官入八位壽踰七十何

不爲廢今編此篇所謂決四廢日者不特

作論囟吉抑亦人之疑惑耳此人命造物

兩喜者丁巳土巳酉土凡土能養萬物到

寅而東行造化得其顯到申而西歸造化

得其隱一隱一顯合而且和似此造化豈

非至貴之命哉

決天地轉日

春兔夏馬天地轉　秋雞冬鼠便為殃

行人在路須憂死　造屋未成先架喪

問曰何以謂之天地轉曰物極而反謂

之轉旺連干曰天轉旺連納音曰地轉此之

謂天地轉也又曰何以謂之連干與連納音

也荅曰如

春乃木旺之時見乙卯乃旺連干謂之天轉

見辛卯乃旺連納音謂之地轉

夏乃火旺之時見丙午曰旺連干謂之天轉

見戊午乃旺連納音謂之地轉

秋乃金旺之時見辛酉曰旺連干謂之天轉

見癸酉爲旺連納音謂之地轉

冬乃水旺之時見壬子曰旺連干謂之天轉

見丙子爲旺連納音謂之地轉

其日最忌上官受職出行商賈造作嫁娶必

主子凶如人命生此四季內又值其日更本

命又到此旺謂之功成不退主夭折

按古格命顏子

己丑　辛未　丙午　戊子

造物深合理只嫌夏生見丙午正犯天轉
加以本命又到此旺雖文章亞聖奈緣造
化太極至庚申年壽止三十矣

嚴陵方氏三車一覽卷之七

論天羅地網

戌亥為天羅　　辰巳為地網

問曰何以戌與亥為天羅辰與巳為地網答

曰五行墓絶處是也乃暗昧不明不快謂之

天羅地網也火命人逢戌亥是為天羅水土

命人逢辰巳是為地網大抵世之論命者纔

但見戌亥便以為天羅纔見辰巳便以為地

網殊不知唯火命人有天羅水土命人有地

網內金木命人無天羅地網之說又況男人
忌之於天羅女人忌之於地網如人命帶中
此多主蹇滯如行運到此多主災危更加以
惡殺相併五行無氣必至於死亡也

　論關鑰二殺

春防巳與丑　夏月忌申辰　秋季猪羊死
冬來虎犬驚　能過三五歲　父母也遭迍
求醫猶未了　耗鬼不離門　人生如犯此
難養又難成　若人逢此地　不請怨天文

問曰何以謂之關鑰殺荅曰季則為關孟則

為鑰鑰前關後欲進則前有鑰進之則不能

前欲退而後有關退之而不能後乃曰關鑰

殺也　神白經云人遇鬼門氣度消關小兒

得之決主難養　又曰何以春防巳丑　夏

忌申辰　秋嫌亥未　冬怕寅戌荅曰

春三月正月建寅二月建卯三月建辰前乎

遇巳乃夏之孟為鑰欲進之而不能前後有

丑乃冬之季為關欲退之而不能後故曰春

防巳與丑也

夏三月四月建巳五月建午六月建未前乎

遇申乃秋之孟爲鑰欲進之而不能前後乎

有辰乃春之季爲關欲退之而不能後故曰

夏月忌申辰也

秋三月七月建申八月建酉九月建戌前乎

遇亥乃冬之孟爲鑰進之而不能前後乎有

禾乃夏之季爲關欲退之而不能後故曰秋

季豬羊死也

冬三月十月建亥十一月建子十二月建丑

前乎遇寅乃春之孟爲鑰後乎有戌乃秋之

季爲關亦進之而不能前退之而不能後故

曰冬來虎犬驚也

凡人命之中有關有鑰是爲難養忽然有前

鑰而無後關有後關而無前鑰又不足慮所

以二者俱有方且畏之又有小兒帶關鑰全

倒克定主難養問人生四季以月論之皆有

若更有惡殺凶神五行不順造化無氣反傷

關鑰二殺命何以堪荅曰年月日時上見此
乃為害也若見五行有氣造化合格福神貴
氣相助又且不妨又未可專以二者論之也

論月關煞

正七巳亥為關殺　二八辰戌小兒屯

三九卯酉宜相避　四十寅申不可聞

子午兩月嫌丑未　丑未却將子午嗔

小兒生下時日值　空勞父母費精神

問曰何以謂之關煞荅曰與月建為六害者

是也如正七巳亥者盖正月建寅見巳是也

七月建申見亥是也謂寅巳為害申亥為害

二八辰戌者盖二月建卯見辰是也八月建

酉見戌是也謂卯辰為害酉戌為害

三九卯酉者盖三月建辰見卯是也九月建

戌見酉是也謂辰卯為害戌酉為害

四十寅申者盖四月建巳見寅是也十月建

亥見申是也謂巳寅為害亥申為害

子午丑未者子乃十一月建見未是也午乃

五月建見丑是也蓋謂未子為害午丑為害

丑未子午者蓋丑十二月建見午是也未乃

六月建見子是也蓋謂丑午為害子未為害

小兒犯之決主難養不然於父母上必主傷

害

論無情限殺

甲乙申酉莫相隨　丙丁亥子要君知

戊己怕逢寅卯位　庚辛巳午不相宜

更有壬癸兩干者　辰戌丑未莫逢之

設若五行無氣象　犯著十夭九無疑

問曰何以謂之無情限殺荅曰無情者到安

處而受克者乃曰無情也且以甲乙生人屬

木本擬到日時上乘勢受生旺却逢申酉金

之所傷乃爲木命之無情限殺也

丙丁生人屬火日時上若見亥子水之所傷

乃曰火命之無情限殺也

戊己生人屬土日時上若寅卯木之所傷乃

曰土命之無情限殺也

庚辛生人屬金日時上見巳午火之所傷乃
曰金命之無情限殺也

壬癸生人屬水日時上見辰戌丑未土之所
傷乃曰水命之無情限殺也

人命犯此更加無氣惡殺相併定主少亡縱
便少年得養亦不免於夭折矣

論富命

問曰何謂富足財食之命荅曰富貴輕重相
遇陰陽闔闢乾坤分立輕而清者為天重而

濁者為地是以干元為之天清以支辰為之
地厚清則為貴厚則為富　易繫云天尊地
甲乾坤定矣又曰高矣羡矣登之而不可及
也又曰草木丘陵裕如也以此知莫貴於天
莫富於地人命亦然凡推人命若見合格貴
神福氣相助而又得天清必為貴也若或合
格貴神相助天元不秀得地元氣厚必為富
也若只是干元有天財支元有人財納音有
地財必作財祿之論若干元天財者如甲乙

生人見戊己以木克土則爲天財丙丁生人
見庚辛以火克金亦爲天財土金水命丙克
皆倣此論地財者喻如金命人見木謂之
財木命人見土謂之財但只以生年爲主而
克去爲財也　源髓歌云攻命先將年作主
次把衆家來比觀是以當看年干年納音爲
主然而有天財或有地財又須要財有生旺
方且爲吉若見休囚未必爲祥珞祿云但看
財命有氣生逢背祿而不貧若也財絕命衰

總建祿而不富何謂才命有氣假如戊己人
以壬癸有財而見壬癸雖爲財若日時見申
子辰乃戊己土壬癸水俱到申上而長生子
上而帝旺辰上爲庫墓此乃謂之財命有氣
若到日時上見卯巳者乃戊己土壬癸水俱
到卯上而死俱到巳上而絕此乃謂之財命
無氣又如納音金命用木爲財然而有木又
要日時上見亥見寅見卯與未之類謂木到
亥上是爲長生到寅上是爲臨官到卯上是

爲帝旺到未上是爲庫墓亦曰財命有氣若
見辰午與申謂木死午木衰於辰木絕於申
如此者謂之財命無氣有氣爲吉無氣者爲
凶詳此理但要財氣乘生旺者爲佳必不在
之命加以運氣相扶必主大發財祿又如戊
有祿無祿上若合己上命格皆可以爲富足
己生人以壬癸爲財如年月日時上不見壬
癸而見申子辰金命人不見木只見寅卯未
之類亦謂之財局有氣只是此等不爲巨富

而亦可以謂之中等矣

右謹按古格 陶朱公 猗頓 石崇三

命于后

石崇

己卯 壬申 丙申 壬辰

此乃己生人用壬為天財己土壬水皆生於

申庫於辰納音土用水為財水亦生於申而

庫於辰此謂財命有氣 壺中子云二財會

於壬辰石季倫恣堆金積玉

陶朱

丙寅　己亥　庚申　辛巳

此乃丙生人用庚辛金為天財金臨官在於
申長生在於巳又納音丙寅之火用辛巳之
金為財而金亦臨官在申長生在巳此之謂
財命有氣可為敵國富也

猗頓

壬辰　戊申　甲戌　丙寅

此乃壬生人用丙火為天財火生在寅壬辰

納音水克甲戌納音之火是爲財命火軍在

戌又克丙寅火生於寅此皆爲財命有氣只

有辰戌相衝謂之破庫寅申相衝謂之破財

雖先享大富而末後零替也　理愚歌曰狗

頓力敵陶朱公衹因亦是富家公土崩瓦解

自衰替有始無終應困窮正謂此也

　　推陰人命吉凶

問曰凡女人命孰爲吉爲良何爲凶爲賤荅

曰凡女人命須要五行清淡不要生旺又不

要暴敗不犯臨官欲得四柱無氣為佳貴乎

休囚死絕為上不要帶貴人驛馬旺祿合神

巳上為吉為良若犯生旺臨官兼有貴人驛

馬旺祿合神皆為不羡若犯亡神劫殺三刑

六害羊刃飛刃皆為不善神白經有云驛

馬遇貴人終竟落風塵合絕莫合貴此法人

難知但以日為年此法聖人傳帶祿入生旺

產死遭人謗帶祿入衰鄉雖禍未為殃司

馬季主云女人推命貴人一者為良若叢雜

合多不妮即妓又兼帶雙駕合　沈芝曰桃
花又帶雙駕合冗雜貴人真妓才桃花者臨
官上見馬謂之桃花馬臨官上見劫殺謂之
桃花殺又有一般殺巳酉丑騎馬街頭走〔此言巳酉丑生人見午是〕
亥卯未鼠子須堪避〔此言亥卯未生人見子是〕
寅午戌兔子門前立〔此言寅午戌生人見卯是〕申子辰逢
雞夜不眠〔此言申子辰生人見酉是〕
問曰又何以謂之雙駕合荅曰喻如一巳見
兩甲一乙見二庚一丙見兩辛一丁見兩壬

皆謂雙駕合也或是四柱干元有甲己有乙

庚但是四柱中兩兩對合皆謂之雙駕合餘

者皆倣此以爲例女命有之皆爲不良理

愚歌云貴人或落空亡裏祿馬背違如不值

假令性識甚聰明男即伶倫女娼妓亦有生

來貴族中滛聲浪迹相相同須知斯命有所

使桃花三月開春風 源髓歌云袞袞桃花

逐水飄月籠花影色徧饒多情只爲傷空合

惆悵寞合魂易消已上皆論桃花殺也犯之

者皆爲不良　壺中子云頁天月二德則霞

帔金冠得祿命之財財則夫榮而子貴此可

謂之吉也若犯三刑六害亡神劫殺孤寡宿

皆主喪夫克子凡男女命皆怕犯臨官帝旺

全主夫妻相傷　源髓歌云臨官帝旺未爲

好再嫁重婚傷亦早若還相敵作夫妻頭男

頭女當見天二德命相強相壓相敵者謂夫妻

朝元羊刃者皆主產厄　源髓歌曰或時藏

刃入於胎日刃或朝時上來更若支干相克

剝妻身當產姙憂災 此言夫命犯之 當主妻有產厄 婦人之

命若如此敢斷定憂生產死更加卯酉二時 犯之主妻產死 所謂朝元

生若免墮胎應克子 此言女人命 犯之主產死 所謂朝元

羊刃者喻如卯生之人見甲日與甲時之類

或辰日而時干見乙此皆謂之朝元羊刃餘

者倣此以為例

嚴陵方氏三車一覽卷之八

嚴陵方氏三車一覽卷之九

論六十甲子納音象

夫甲子者始成於大撓氏納音成之於鬼谷

先生象成於東方曼倩先生時曼倩先生成

其象因號曰花甲子其花字誠為奧也近有

晚學者不曉古人之言不諳聖人之意纔讀

六十甲子歌便自謂其知命只將甲子乙丑

海中金丙寅丁卯爐中火著意而論殊不知

此則聖人借意而喻之曰觀此輩真謂刻舟

求劍按圖索駿也余少常閱風后先生之論

然雖有年幸天之未喪斯文也故倚杖扶籃

而繼聖人之意以示後之學者免致議論時

著意執泥有失其吉凶也論曰甲子者自子

至亥十二宮各有金木水火土之屬始起於

子是一陽終於亥為六陰其五行所屬但如

人之世事也何以謂之世事大率五行金木

水火土在天為五星於地為五岳於德為五

常於人為五臟其於命也為五行是故甲子

之屬乃應之於命命則一世之事故甲子納

音象時聖人喻之亦如人一世之事體也一

世之事者宣聖云三十而立四十而不惑五

十而知天命六十而耳順七十而從心其甲

子之象自子至亥其理則灼然可見矣且如

子丑二位者陰陽始孕人者胞胎物藏萎核

未有涯際也寅卯二位者陰陽漸闢人漸生

長物以拆甲群範漸剖如人將有立身也辰

巳二位者陰陽氣盛物當華秀入三十四十

而有立身之地始有進取之象午未二位者
陰陽彰露物巳成齊人至五十六十富貴貧
賤可知凡百興衰可見矣申酉二位者陰陽
肅殺物巳收成人巳龜縮各得其靜矣戌亥
二位陰陽閉塞物氣歸根人當休息各有歸
著也但只詳此十有二位先後秩然可見至
於六十甲子亦可以次第而曉也又恐有未
盡曉者復各略論于後篇云

論金篇 甲子附

夫金者西方白帝之神金天氏執矩司事張

晏曰金爲義義者成成者方故曰矩行收歛

之令主肅殺之權執性堅剛春月見之性柔

體弱常用日時坐命處以生旺助其柔性見

木多則反成型志謂春乃青帝行權木神用

事更加木盛則金治之無力所謂執力小而

不能負重也　五行大論曰木近木遠克其

無門火多則溫其性煆其形謂其春月尚有

餘寒之氣其本性正居柔弱之中當貴乎火

之暖氣也水多則其性愈寒其力愈減謂其
春月性柔體弱加以水增其寒執不能施鋒
銳然則惡乎水盛也金見乃助其形若無火
徒加金盛反爲無用失類之狀然則金能助
形又用火以煆之土厚養其性助其形制其
水得其體自形剛設使土盛亦不虞焉謂春
乃木旺時土散塵飛厚而不塞當喜乎土矣
夏月之金性尚在柔形未執方猶嫌死絕貴
予旺相見末助尅傷形克體謂夏月乃赤帝

行權火神用事當是木槁無形敬奔其火則
火性愈猛故為傷形克體若只見火多却為
不厭性溫體潤形格自如謂時當極熱土焦
金燥須喜水澤潤肌膚土盛大暴執方不能
自化展轉無剛革之成時當夏月土多則成
滯金助體剛形飾自立時有當權火氣出乎
自然變化也秋月之金當權乘勢　經曰金
氣肅而彫萬類木多則反傷斧斤謂秋乃自
帝行權金神用事時雖木死琢之不難謂有

取而轉進進則反費精神　五行大論云猶

石鍖之畏貪若靈龜之曳尾金多愈剛剛而

必折謂乃本性當權更加本形相助失乎旺

旺則極極則反於造物不耐狀若琉璃火盛

可以成形謂時當暴亂須用物以制其暴性

性肅則形成形成則可施鋒銳有鋒銳可施

收歛之功水潤體光水白金清精神悅秀執

性不剛物無反惡土盛生金其性愈隆物能

稼穡形有所執物有所成冬月之金形寒性

冷水秀金柔木多不能施琢削之功反成無

用水盛則金氣愈寒謂冬月乃黑帝行權水

神用事加之以水則金寒水冷不能執化火

多性温體健物當成器鋒銳可施時隆財相

金見聚氣則形微氣盛也土多制水生金性

不塞體不懦加之火助土厚則子母俱能成

物可以成剛銳吉無不利也

甲子乙丑海中金

問曰甲子乙丑何以謂之海中金答曰氣在

包藏而金居之使寧極則沉潛乃曰海中金
也論曰其金形行水路性弱體寒生旺助之
可以濟物死絕加之愈增困鈍當用火以成
形當用土以養性也

壬寅癸卯金薄金

問曰何以壬寅癸卯謂之金薄金荅曰氣尚
柔弱金形絕地薄若繒縞乃曰金薄金也論
曰其金勢微使之木多損志勞神旺金相助
剛毅果敢用義不剋土重氣沉不能設施土

輕相養性體光輝火殺其性煆煉銷鑠不能

自存水輕色瑩水重氣滯

庚辰辛巳白鑞金

問曰何以庚辰辛巳謂之白鑞金荅曰氣漸

發生金尚在鑛寄形於生養之鄉受西方之

正色乃曰白鑞金也論曰其金始捨母鄉子

母方分當然自立須假火以成形土盛則沉

蓋謂方離土中不應又見土故惡乎土木金

水等各得其中方為榮貴

甲午乙未砂中金

問曰何以甲午乙未曰砂中金荅曰氣已成

物金居鬼盛之鄉碎若糜粉乃曰砂中金也

論曰水濟金輝色光瑕瑩火助成形木多財

盛土滯神昏重金氣盛反爲不羡

壬申癸酉劍鋒金

問曰何以壬申癸酉曰劍鋒金荅曰氣盛物

極當施收歛之功頴脫鋒銳之刃乃曰劍鋒

金論曰執性堅剛勿宜生旺則謂功成不退

有傷和氣若見休囚退藏銳氣物無傷損

庚戌辛亥釵釧金

問曰何以庚戌辛亥曰釵釧金氣方藏伏形
體巳殘煆煉首飾巳成其狀乃曰釵釧金也

論曰形巳成器華飾光燦厭乎生旺貴乎藏

體火盛傷形終爲不喜

論木篇 甲寅附

夫木者東方青帝之神包犧氏執規司事張
晏曰木爲仁仁者生生者圜故曰規行生養

之權持華秀之令春月得之漸有生長之象

孟春之令猶有餘寒當用火以溫燠則木無

盤屈之拘當有舒暢之美纔當春末陽壯物

渴籍水資扶益加秀茂若使初春無火增之

以水則陰濃氣弱根損枝枯不能華秀若使

春末失之以水增之以火則陽氣大盛燥渴

相加根乾葉槁亦使不能華秀是以水火二

物要得時而濟方為奇特土多傷力得中可

以然木居春月克土不難若傷乎多曰戀克

有損精神金盛傷枝損華重見生旺必假金
以琢之居乎休囚金不宜多木生春月有枝
有蔓有條有榦更加木助葉盛花繁終無結
實造物太冗夏月之木根燥葉乾盤而且直
屈而巳伸水滋其形而無槁朽水病水死救
之無功水生水旺滋之有力蓋謂衰不能救
旺中之鬼也又云勺水不能生木然用生旺
水乎金多未能成器時當赤帝行權金死木
休二者失用故難成器土以養形居燥反成

其咎水等土均燥體得其磊翠謂驕陽物炎

必藉水土之功唯土養無水潤成其空也木

助木以成林徒逞欝欝之麗終無結果之成

若居季夏見金相成時乃金相喜之以成形

謂金相能施功可成琢削之象秋月之木氣

漸凄冷木漸彫敗初秋之時火勢未滅猶喜

水土以相滋謂處暑當節正燥火流金之時

物尚渴燥故乃水土未可闕金多成器在乎

仲秋謂木之到秋中果已成實葉已彫零枝

枯根槁成爲無用當用金以琢之乃成物狀

經日但能成器爲榮秋深霜降見水當憂寒

露巳交火溫成秀謂寒露後而有霜降二節

近冬漸漸嚴氣畏之以水見水愈寒喜之以

火見火溫暖木並成林則上乘而下滅謂秋

木成林上乘者百禽歸之以棲也下滅者百草

不能生也冬月之木盤屈歸根土多喜見謂

冬月物藏伏時氣巳歸根用多土以掩之則

根深蔕固水多氣冷根損形亡謂時當黑帝

行權水神用事正冰霜凝結更加之以水則

根不能存形必亡也金多木能琢木並未能

生謂木氣歸根金見未能施工木見未能並

秀火見交功却爲濟物謂冬氣既寒得火成

溫燠之氣根荄無凍損之患可爲濟物喻如

寒木向陽也

壬子癸丑桑柘木

問曰何以壬子癸丑曰桑柘木荅曰氣居盤

屬形狀未伸居于水地在木未能施刀斧之

勞乃曰桑柘木也論曰柔而失位覆藩茂虧

喜逢水土以相養金人木見徒勞無功

庚寅辛卯松栢木

問曰何以庚寅辛卯曰松栢木荅曰氣巳乘

陽得栽培之勢力其為狀也奈居金下凡金

與霜素堅不居下得其旺乃曰松栢木也論

曰執性巳盛金制不強水滋則木火俱沾利

澤謂木旺而火未熾火旺而木則槁乃喜水

以潤之土助財與物能成事謂勢旺而喜土

厚也

戊辰己巳大林木

問曰何以戊辰己巳為大林木氣不成量物
巳及時華葉茂盛乃曰大林木也論曰山岳
巳

堆聳龍蛇藏形愛木助而勢增惡金火而勢

減水潤則物物可安謂木到此乘陽惡金火

而愛木水水滋木秀龍蛇可安而受其庇蔭

也

壬午癸未楊柳木

問曰何以壬午癸未曰楊柳木荅曰氣勢因
陽物增誇逞而楊柳之花亦飛揚乃曰楊柳
木也論曰物陽勢盛水濟成功火多陽盛反
為不羨之兆金若多得尤其丙喜也土盛更
為宜利

庚申辛酉石榴木

問曰何以庚申辛酉曰石榴木荅曰氣歸靜
肅物漸成實木居金中其味辛故曰石榴木
也論秋果成實漸次彫零土厚則根深蔕固

枝榦茂盛果實堅剛金多則損甚木見則形

焦槁水潤木並終始成齊

戊戌己亥平地木

問曰何以戊戌己亥爲平地之本荅曰氣歸

藏伏陰陽閉塞木氣歸荄伏乎土中乃曰平

地之木也論曰形藏體伏喜土相逢若見乎

火助則子與母俱得以成其功水勢則惡乎

流波泛濫滔滔而不知止雖遇乎金亦不畏

其傷害形體惟喜得水相與並居以俟春而

同長乎英華矣

嚴陵方氏三車一覽卷之九

嚴陵方氏三車一覽卷之十

論水篇 甲子附

夫水者北方黑帝之神高陽氏執權司事張
晏曰水爲智智者謀謀者重故曰權行嚴凝
之令主殺物之權執性不定決諸東則東流
決諸西則西流遇冬則結遇夏則散春月之
水性濫滔滔加之以水更逢旺相必有崩隄
潰岸之勢物加損焉謂春乃水泛之時使之
更逢水又見生旺則傷乎流注損物經曰滔

滔不止必有自溺之憂喜逢土止而無泛濫

之患謂水泛土能止之土多為妙金盛生愁

謂土多則水静金盛則水奔生_{蓋金能逢木可}

施舟楫之功木多土少反成浮泛謂水得木

可以施功而為有用設水多木盛如無土制

又成水泛木浮終為不羨夏月之水執性歸

源時當涸際而無泛濫之遠水助水注可以

濟物物渴思水水能濟之謂夏乃赤帝主權

日炎物燥當用水潤到此之時若施一滴之

功可澤千里之潤貴乎水助也金潤水清物
能華秀木逢則色轉增金逢則體悅潤謂時
當炎熱木燥則根葉乾焦遇水則色轉增秀
金到此則性燥遇水則體悅澤色光潤遇土
則萬物成齊土多又反成損己謂夏土焦水
能濟之則萬物成齊設土多又傷乎形質秋
月之水母旺子相表光裏瑩遇金助則子母
俱和而金白水清謂秋金旺金能生水則永
相更遇相會則曰子母和會而金白水清也

火多財盛太過傷親財多則於身有勢傷親

則於家不足身有勞則早傾喪家不足則仇

雛生謂水在秋雖相遇火爲財克之不難又

不宜傷多多則縈心也傷親者蓋火能克金

金乃水母也故火不宜多多則反也得其中

則羨矣遇木生財更能施力謂木生火而曰

生財更能施力亦如施舟揖之功也水水相會泛泛難

存謂秋水旺更增水則愈泛土厚成功物能

稼穡謂水泛當用土止遏之冬月之水其形

得地其勢得恃火氣減而寒氣增大寒凜凜
水結冰凝水本不死水結冰凝而曰死也遇
火則增暖減寒而性狀不凝不結謂冬水勢
寒更加水愈冷故喜火以溫之土多藏形化
歸於克謂水死無形藏歸於土乃曰死故嫌
土多也木克土殘水又不畏金生水隆相忘
道義盖土藏水形假木散土水能彰形水藉
金生然冬水自得時不用金生使之見金反
為無義乃曰道義相忘然則冬水唯喜在火

木也

丙子丁丑澗下

問曰何以丙子丁丑曰澗下水荅曰氣未通

濟高陵非水流之所甲濕乃水就之鄉而曰

澗下水一本云潤下水愚切恐前輩論曰水

勢流溢霑霪漂蕩惡乎生旺貴以休囚土止

歸源木火施功金水反生奔泉激浪爲之不

羨也

甲寅乙卯大溪水

問曰何以甲寅乙卯曰大溪水荅曰氣出陽

明水勢恃源東流滔注乃曰大溪水論曰勢

向東行若百川朝諸海民止不流惡土相遇

金水相加助其流勢木火輔佐財盛身隆

壬辰癸巳長流水

問曰何以壬辰癸巳曰長流水荅曰氣傍離

宮火明勢盛來之不窮納之不溢乃曰長流

水論曰勢極東南貴乎安静重見休囚息而

羡樂加以生旺反成汩没水金不要逢火土

宜外護

丙午丁未天河水

問曰何以丙午丁未曰天河水荅曰氣當升

降在高明火位有水沛然作霖以通齊乃曰

天河水論曰火彌空而夜水交之水彌地下

而夜火交之生旺有濟物之功死囚有旱涸

之患金木相助於功必厚木火並行炎勢難

當必爲損物也

甲申乙酉井泉水

問曰何以甲申乙酉曰井泉水苔曰氣息而
靜子母同生而不竭出而不窮乃曰井泉水
論曰性主乎靜形受安生安之則靜而清撓
之則動而濁火土熒其形而靜金水混其性
則流靜則安之本濁乃動之基 生死死絕日靜旺日動

壬戌癸亥大海水
問曰何以壬戌癸亥曰大海水苔曰氣歸閉
塞水歷遍而不趨勢歸寧謐之位乃曰大海
水論曰勢趨天門歷事已畢生旺而不泛死

論火篇 甲子附

夫火者南方赤帝之神神農氏執衡司事張
晏曰火爲禮禮者齊齊者平故曰衡行炎陽
之令主咸齊之權生當春月母旺子相勢力
並行加以生旺損物傷身得以死絕明晦繼
傳見木則愈加輝燁抱薪救火則火勢增炎
謂火到春承相更加未生則失之太炎水濟

絕而不涸助之無增克之不減隨所得其中
矣

成功則子母俱沾恩澤謂木乃火之母春木
旺火相喜水以生木水以濟火而子母皆喜
土多壅塞終無照燭之光金盛璨明可施煆
煉之力謂春火未盛見土失明見金可以施
功重逢火位在初春可以煒燁居春末則傷
乎燥炎謂春火相加以火到為炎在初春得
之則吉春末得之反為不羨夏月之火執力
行權輝輝則失之易滅掩藏則可以無殃見
休囚乃曰成功必退逢生旺謂之不息炎炎

水減其勢終無自焚之咎木助其炎必主夭

折之風謂火遇夏正當赤帝行權能休囚則

無炎暴逢旺相反爲相傷有水則謂水火旣

濟見木更助其炎必主夭折逢金無水難成

造物之功有水有金必作良工之巧二者同

燥難以成形若見有水可成鑄印見土焦熬

終傷於物氣及咸齊之際亦須水濟成功謂

夏月乃物咸齊之時土能長養加以火爆則

土焦亦須見水方克成功秋月之火性息體

休終歸晦地見生旺又以東行逢死絕愈增

晦昧木助其體晦而復明土閉其形內明外

暗土木互加光而且曄晦而且明謂秋火本

晦若見生旺又如太陽東出之光見死絕失

之太暗喜木生惡土掩若有土更有木又爲

喜謂木散土塞木生火光水滅其形金損其

體輕者曰濟重者爲傷謂秋火晦見水則克

其形雖以金爲財秋金正旺難以治之反爲

傷身水輕則無克曰濟金重則害身曰傷火

見火以交光照燭有傳明之燄謂秋火晦得

火則光明又生矣冬月之火畏旺身衰韜光

晦迹暑氣絕而嚴氣增惡死絕而好生旺遇

木生則照燭而無晦逢水愈滅其光謂冬月

寒氣增則火死得木生因之以成形本是黑

帝行權若見水愈失其光喜土以制其畏逢

火能助其明謂冬水旺得土可以制其水則

火畏水傷逢火可助其死火之光金多反慮

旺盛爲昌謂火死難以施力不利見金也

戊子己丑霹靂火

問曰何以戊子己丑爲霹靂火荅曰氣在一

陽形居水位物未成收水中之火乃曰霹靂

火也論曰龍誦火經聖誦水經遇東南而昇

騰逢西北而象暗風雷際會終歸變化之鄉

旱澗加臨必作無成之兆

丙寅丁卯爐中火

問曰何以丙寅丁卯曰爐中火荅曰氣漸發

輝因薪而顯陰陽爲治天地爲爐乃曰爐中

火也論曰形行陽地勢力漸增水濟火宮應
無燥渴木加生旺煙滅灰飛龜縮於死絕之
地患害不生燥惡向生旺之方凶咎必至

甲辰乙巳覆燈火

問曰何以甲辰乙巳曰覆燈火咎曰氣行盛
地勢立高岡傳明繼晦子母相承乃曰覆燈
火也論曰覆之在上登之高明趨南方以歸
西位沉北地而向東生水木增光發輝土塞
終寫晦咎

戊午己未天上火

問曰何以戊午己未曰天上火荅曰氣過陽

宮重离相會炳靈交光發輝炎上乃曰天上

火作一本云炎上火恐前輩誤天字至今傳爲天上火論曰勢居高陵

之上氣爲盛也退行甲濕之方象則藏乎徒

成旣濟之功可聚精神之會順之則吉逆之

則欵

丙申丁酉山下火

問曰何以丙申丁酉曰山下火荅曰氣熄形

藏執力韜光龜縮兌位力微體弱乃曰山下

火論曰西沉兌位復喜東南出震明離其光

愈驊居暗惡水以傷逢明喜水而濟

甲戌乙亥山頭火

問曰何以甲戌乙亥曰山頭火荅曰氣然藏

熄飛光投乾歸于休息之中乃曰山頭火論

曰山乃藏形頭乃投光內明外暗隱而不顯

當生旺童顯其明遇休囚惟見其晦木可助

形土必重暗

論土篇 甲子附

夫土者中央黃帝之神軒轅氏執繩司事張
晏曰土為信信者誠誠者直故曰繩居五行
之中行覆載之今主養育之權無何公論之
云三才五行皆不可失處高下而得位居四
季而有功金得之鋒鋭唯剛火得之光明照
燭木得之英華越秀水得之濫波不泛土得
之稼穡愈豐旺之不息必能為山山者高也
散之不聚必能為地地者厚也用之無窮生

之間極乃謂土也

庚子辛丑壁上土

問曰何以庚子辛丑曰壁上土荅曰氣居閉
塞物尚包藏掩形遮體內外不交乃曰壁上
土也論曰勢未有用力未能生水未並至乃
為喪朋終失其類火土同行是為得朋乃曰
利亨

戊寅己卯城頭土

問曰何以戊寅己卯曰城頭土荅曰氣能成

物功以育物發乎根荄壯乎蘗藥乃曰城頭

土論曰施功成物水濟物華物百甲拆之象

火燥反成其殃土養木踈必成其器

丙辰丁巳沙中土

問曰丙辰丁巳何以謂之沙中土荅曰氣以

承陽發生巳過成齊未來乃曰沙中土也論

曰包根荄而秀華蘗溢之以水養之以土吐

英華而壯枝幹惡之者火嫌之者金木踈氣

散究竟不宜

庚午辛未路傍土

問曰庚午辛未何以謂之路傍土荅曰氣當
成形物以路彰有形可質有物可彰乃曰路
傍土也論曰壯以及時乘厚載木多不慮水
盛無嫌土重反爲滯物金多必主損傷火多
則燥物難舒伸

戊申己酉大驛土

問曰戊申己酉何以謂之大驛土荅曰氣以
歸息物當收斂龜縮退閑羨而無事乃曰大

驛土也論曰成功必退於郵亭形歸安靜之

鄉勢入休息之地土靜金安木勞水泛火助

其形終爲塞滯

丙戌丁亥屋上土

問曰丙戌丁亥何以謂之屋上土荅曰氣成

物府事以羨圓陰陽歷遍勢得其閒乃曰屋

上土也論曰勢周而羨備矣貴乎安靜若以

火木而生旺之是徒增其至於死絕却喜以

安

嚴陵方氏三車一覽卷之十

編號	書名	作者	說明
32	命學探驪集	[民國]張巢雲	
33	滄園命談	[民國]高澹園	
34	算命一讀通——鴻福齊天	[民國]不空居士、覺先居士合纂	稀見民初子平命理著作
35	子平玄理	[民國]施愓君	發前人所未發
36	星命風水秘傳百日通	心一堂編	
37	命理大四字金前定	題【晉】鬼谷子王詡	源自元代算命術
38	命理斷語義理源深	心一堂編	稀見清代批命斷語及活套
相術類			
39–40	文武星案	【明】陸位	失傳四百年《張果星宗》姊妹篇 千多星盤命例 研究命學必備
41	新相人學講義	[民國]楊叔和	失傳民初白話文相術書
42	手相學淺說	[民國]黃龍	民初中西結合手相學經典
43	大清相法	心一堂編	重現失傳經典相書
44	相法易知	心一堂編	
45	相法秘傳百日通	心一堂編	
堪輿類			
46	靈城精義箋	[清]沈竹礽	
47	地理辨正抉要	[清]沈竹礽	
48	《玄空古義四種通釋》《地理疑義答問》合刊	沈瓞民	
49	《沈氏玄空吹虀室雜存》《玄空捷訣》合刊	[民國]申聽禪	沈氏玄空遺珍 玄空風水必讀
50	漢鏡齋堪輿小識	[民國]查國珍、沈瓞民	
51	堪輿一覽	[清]孫竹田	失傳已久的無常派玄空經典
52	章仲山挨星秘訣（修定版）	[清]章仲山	章仲山無常派玄空珍秘 門內秘本首次公開
53	臨穴指南	[清]章仲山	沈竹礽等大師尋覓一生未得之珍本！
54	章仲山宅案附無常派玄空秘要	[清]章仲山	末得之珍本！
55	地理辨正補	[清]朱小鶴	玄空六派蘇州派代表作
56	陽宅覺元氏新書	[清]元祝垚	簡易·有效·神驗之玄空陽宅法
57	地學鐵骨秘 附 吳師青藏命理大易數	[民國]吳師青	釋玄空廣東派地學之秘
58–61	四秘全書十二種（清刻原本）	[清]尹一勺	玄空湘楚派經典本來面目 有別於錯誤極多的坊本

占筮類

編號	書名	作者	說明
121	卜易指南（二種）	〔清〕張孝宜	民國經典，補《增刪卜易》之不足
122	未來先知秘術——文王神課	〔民國〕張了凡	內容淺白、言簡意賅、條理分明

星命類

編號	書名	作者	說明
123	人的運氣	汪季高（雙桐館主）	五六十年香港報章專欄結集！
124	命理尋源		
125	訂正滴天髓徵義		
126	滴天髓補註 附 子平一得	〔民國〕徐樂吾	民國三大子平命理家徐樂吾必讀經典！
127	窮通寶鑑評註 附 增補月談賦 四書子平		
128	古今名人命鑑		
129–130	紫微斗數捷覽（明刊孤本）〔原（彩）色本〕 附 點校本（上）（下）	馮一、心一堂術數古籍整理編校小組整理	明刊孤本 首次公開！
131	命學金聲	〔民國〕黃雲樵	子平斗數共通、百多民國名人命例
132	命數叢譚	〔民國〕張雲溪	民國名人八十三例詳細生平
133	定命錄	〔民國〕張一蟠	
134	《子平命術要訣》《知命篇》合刊	撰 〔民國〕鄒文耀、〔民國〕胡仲言	《子平命術要訣》科學命理：《知命篇》 易理皇極、命理地理、奇門、六壬互通
135	科學方式命理學	閻德潤博士	匯通八字、中醫、科學原理！
136	八字提要	韋千里	民國三大子平命理家韋千里必讀經典！
137	千里命鈔	韋千里	失傳民初三大命理家韋千里代表作
138	民國偉人星命錄	〔民國〕囂囂子	幾乎包括所民初總統及國務總理八字！
139	子平實驗錄	〔民國〕孟耐園	作者四十多年經驗 占卜奇靈 名震全國！
140	斗數命理新篇	張開卷	現代流行的「紫微斗數」內容及形式上深受本書影響
141	哲理電氣命數學——子平部	〔民國〕彭仕勛	命局按三等九級格局及不同術數互通借用
142	《人鑑——命理存驗·命理擷要》（原版足本）附《林庚白家傳》	〔民國〕林庚白	傳統子平學修正及革新、大量名人命例
143	《命學苑苑刊——新命》（第一集）附《名造評案》《名造類編》等	〔民國〕林庚白、張一蟠等撰	史上首個以「唯物史觀」來革新子平學結集

相術類

編號	書名	作者	說明
144	中西相人探原	〔民國〕袁樹珊	按人生百歲，所行部位，分類詳載
145	新相術	沈有乾編譯 〔美國〕字拉克福原著、〔民國〕	通過觀察人的面相身形、色澤舉止等，得知性情、能力、習慣、優缺點等
146	骨相學	〔民國〕風萍生編著	結合醫學中生理及心理學、影響近代西、日、中相術深遠
147	人心觀破術 附運命與天稟	〔日本〕管原如庵、加藤孤雁原著·〔民國〕唐真如譯	觀破人心、運命與天稟的奧妙

二

編號	書名	作者	說明
216	三元大玄空地理二宅實驗（足本修正版）	[民國]柏雲撰　尤惜陰（演本法師）、榮	三元玄空無常派必讀經典足本修正版
211-215	《地理辨正集註》附《六法金鎖秘》《巒頭指迷真詮》《作法雜綴》等(1-5)	[清]尋緣居士	集《地理辨正》一百零八家註解大成精華　匯巒頭及蔣氏、六法、無常、湘楚等秘本
210	《談氏三元地理大玄空實驗》附《談養吾秘稿奇門占驗》	[民國]談養吾撰	了解談氏入世的易學卦德象思想
209	《談氏三元地理濟世淺言》	[民國]談養吾撰	史上首次公開「無常派」下卦起星等挨星秘密之書
208	章仲山嫡傳《秘圖》《節錄心眼指要》合刊	撰	
207	章仲山嫡傳《翻卦挨星圖》《秘鈔元空秘旨》附《秘鈔天元五歌闡義》	[清]章仲山傳、[清]王介如輯	透露章仲山家傳玄空嫡傳學習次弟及關鍵
206	撼龍經真義	吳師青註	近代香港名家吳師青必讀經典
205	章仲山門內真傳《大玄空秘圖訣》《天驚訣》《飛星要訣》《九星斷》等合刊	[清]章仲山、冬園子等	
204	章仲山門內真傳《三元九運挨星篇》《運用篇》《挨星定局篇》《口訣篇》等合刊	[清]章仲山、柯遠峰等	近三百年來首次公開！章仲山無常派玄空秘密！和盤托出！
203	章仲山注《玄機賦》《元空秘旨》附《口訣中秘訣》《因象求義》等	[清]章仲山	空秘密！和盤托出！／章仲山注《玄機賦》及章仲山原傳之口訣及筆記
201-202	批注地理辨正再辨直解合編（上）（下）	再註，[清]蔣大鴻原著、[清]章仲山直解	失傳姚銘三玄空經典重現人間！名家：沈竹礽、王元極推薦！
200	華氏天心正運	[清]華湛恩	失傳姚銘三玄空經典重現人間！
199	心眼指要（清刻原本）	[清]章仲山	無常派玄空必讀經典未刪改本！
198	《天元五歌闡義》附《元空秘旨》（清刻原本）	[清]章仲山	
197	批注地理辨正直解	[清]章仲山	
187-196	蔣大鴻嫡傳水龍經注解　附　虛白廬藏珍本水龍經四種(1-10)	[清]蔣大鴻編訂、[清]楊臥雲、汪云吾、劉樂山註	蔣大鴻嫡傳一脈授徒秘笈　希世之寶　千年以來，師師相授之秘旨，破禁公開！完整了解蔣氏嫡派真傳一脈三元理、法、訣！附已知最古《水龍經》鈔本等五種稀見
185-186	《山洋指迷》足本兩種　附《尋龍歌》（上）（下）	[明]周景一	風水巒頭形家必讀《山洋指迷》足本！
183-184	《家傳三元古今名墓圖集附謝氏水鉗》《蔣氏三元名墓圖集》合刊 (上)(下)	(清)孫景堂，劉樂山、張稼夫	蔣大鴻嫡傳風水宅案、幕講師、蔣大鴻、姜垚等名家多個實例，破禁公開！
182	《挨星金口訣》、《王元極增批補圖七十二葬法訂本》合刊	[民國]王元極	直洩無常派章仲山玄空秘不傳之秘　玄空挨星真訣公開！字字千金！／秘中秘——
181	章仲山門內秘傳《堪輿奇書》附《天心正運》	章仲山傳、[清]華湛恩	
180	家傳三元地理秘書十三種	[清]蔣大鴻、汪云吾、劉樂山註	真天宮之秘　千金不易之寶
179	蔣大鴻嫡傳天心相宅秘訣全圖附陽宅指南等秘書五種	[清]蔣大鴻編訂、[清]汪云吾、劉樂山註	蔣大鴻徒張仲馨秘傳陽宅風水「教科書！
178刊	《星氣(卦)通義（蔣大鴻秘本四十八局圖并打劫法）》《天驚秘訣》合刊　題	[清]蔣大鴻　著	江西興國真傳三元風水秘本

—